新人間

905

百年思索

龍應台◎著

目次

〈代序〉在迷宮中仰望星斗
——政治人的人文素養

在台灣，我大概一年只做一次演講。今天之所以願意來跟法學院的同學談談人文素養的必要，主要是由於看到台灣解嚴以來變成如此政治淹蓋一切的一個社會，而我又當然不能不注意到，要領導台灣進入二十一世紀的政治人物裡有相當高的比例來自這個法學院。總統候選人也好，中央民意代表也好，不知道有多少是來自台大政治系、法律系，再不然就是農經系，是不是？（笑聲）

但是今天的題目不是「政治人物」——而是「政治人」——要有什麼樣的人文素養。爲什麼不是「政治人物」呢？因爲對今天已經是四十歲以上的人要求他們有人文素養，是太晚了一點。今天面對的你們大概二十歲；在二十五年之後，你們之中今天在座的，也許就有四個人要變成總統候選人。那麼，我來的原因很明白：你們將來很可能影響社會。但是昨天我聽到另一個說法。我的一個好朋友說，「你確實應該去台大法學院講人文素養，因爲這個地方出産最多危害社會的人。」（笑聲）二十五年之後，當你們之中的諸君變成社會的領導人時，我才七十二歲，我還要被你們領導，受你們影響。所以「先下手爲强」，今天先來影響你們。（笑聲）

我們爲什麼要關心今天的政治人，明天的政治人物？因爲他掌有權力，他將決定一個社會的走向，所以我們這些可能被他決定大半命運的人，最殷切的期望就是，你這個權力在手的人，拜託，請你務必培養價值判斷的能力。你必須知道什麼叫做「價值」，你必須知道如何做「判斷」。

我今天完全不想涉及任何的現實政治，讓我們遠離政治一天。今天所要跟你們共同思索的是：我們如何對一個現象形成判斷，尤其是在一個衆説紛紜、真假不分的時代裡。二十五年之後，你們之中的某個人也許必須決定：你是不是應該强迫像錢穆這樣的國學大師搬出他住了很久的素書樓❶；你也許要決定，在「五四」一〇五週年的那一天，你要做什麼樣的談話來回顧歷史？二十五年之後，你也許要決定，到底日本跟中國跟台灣的關係，戰爭的罪責和現代化的矛盾，應該怎麼樣去看？二十五年後的今天，也許你們也要決定，到底台灣跟中國應該是什麼樣的關係？中國文化在世界的歷史發展上，又處在什麼地位？甚至於，西方跟東方的文明，他們之間全新的交錯點應該在哪裡？二十五年之後，你們要面對這些我們沒有解決的舊的問題，加上我們現在也許無能設想的新的問題，而且你們要帶著這個社會走向新的方向。我希望我們今天的共同思索是一個走向未來的小小的預備。

人文是什麼呢？我們可以暫時接受一個非常粗略的分法，就是「文」、「史」、「哲」，三個大方向。先談談文學。我說的文學，指的是最廣義的文學，包括文學、藝術、美學，廣義的美學。

文學——白楊樹的湖中倒影

爲什麼需要文學？了解文學、接近文學，對我們形成價值判斷有什麼關係？如果說，文學有一百種所謂「功能」而我必須選擇一種最重要的，我的答案是：德文有一個很精確的說法，macht sichtbar，意思是「使看不見的東西被看見」。在我自己的體認中，這就是文學跟藝術最重要、最實質、最核心的一個作用。我不知道你們這一代人熟不熟悉魯迅的小說？他的作品對我們這一代人是禁書。沒有讀過魯迅的請舉一下手？（**約有一半人舉手**）魯迅的短篇〈藥〉，講的是一户人家的孩子生了癆病。民間的迷信是，饅頭沾了鮮血給孩子吃，他的病就會好。或者說〈祝福〉裡的祥林嫂；祥林嫂是一個嘮嘮叨叨近乎瘋狂的女人，她的孩子給狼叼走了。

讓我們假想，如果你我是生活在魯迅所描寫的那個村子裡頭的人，那麼我們看見的，理解的，會是什麼呢？祥林嫂，不過就是一個讓我們視而不見或者繞道而行的瘋子。而在〈藥〉裡，我們本身可能就是那一大早去買饅頭，等看人砍頭的父親或母親，就等著要把那個饅頭泡在血裡，來養自己的孩子。再不然，我們就是那小村子裡頭最大的知識份子，一個口齒不清的秀才，大不了對農民的迷信表達一點不滿。

但是透過作家的眼光，我們和村子裡的人生就有了藝術的距離。在〈藥〉裡頭，你不僅只看見愚昧，你同時也看見愚昧後面人的生存狀態，看見人的生存狀態中不可動搖的無可奈何與悲傷。在〈祝福〉裡頭，你不僅只看見貧窮粗鄙，你同時看見貧窮粗鄙下面「人」作為一種原型最值得尊敬的痛苦。文學，使你「看見」。

我想作家也分成三種吧！壞的作家暴露自己的愚昧，好的作家使你看見愚昧，偉大的作家使你看見愚昧的同時認出自己的原型而湧出最深刻的悲憫。這是三個不同的層次。

文學與藝術使我們看見現實背面更貼近生存本質的一種現實，在這種現實裡，除了理性的深刻以外，還有直覺的對「美」的頓悟。美，也是更貼近生存本質的一種現實。

誰……能夠完整地背出一闋詞？講我最喜歡的詞人蘇東坡好了。誰今天晚上願意爲我們朗誦〈江城子〉？**（騷動、猶豫，一男學生靦覥地站起來，開始背誦）**

十年生死兩茫茫，不思量，自難忘。千里孤墳，無處話淒涼。縱使相逢應不識，塵滿面，鬢如霜。

夜來幽夢忽還鄉，小軒窗，正梳妝。相顧無言，惟有淚千行。料得年年腸斷處……

（學生忘詞，支吾片刻，一位白髮老先生朗聲接下：「明月夜，短松崗。」熱烈掌聲）

你說這短短七十個字，它帶給我們什麼？它對我們的價值判斷有什麼作用？你說沒有，也不過就是在夜深人靜的時候，那欲言又止的文字、文字裡幽渺的意象、意象所激起的朦朧的感覺，使你停下來嘆一口氣，使你突然看向窗外倏然滅掉的路燈，使你久久地坐在黑暗裡，讓孤獨籠罩，與隱藏最深的自己素面相對。

但是它的作用是什麼呢？如果魯迅的小說使你看見了現實背後的縱深，那麼，一首動人、深刻的詩，我想，它提供了一種「空」的可能，「空」相對於「實」。空，是另一種現實。我們平常看不見的、更貼近存在本質的現實。

假想有一個湖，湖裡當然有水，湖岸上有一排白楊樹，這一排白楊樹當然是實體的世界，你可以用手去摸，感覺到它樹幹的凹凸的質地。這就是我們平常理性的現實的世界，但事實上有另外一個世界，我們不稱它爲「實」，甚至不注意到它的存在。水邊的白楊樹，不可能沒有倒影，只要白楊樹長在水邊就有倒影。而這個倒影，你摸不到它的樹幹，而且它那麼虛幻無常：風吹起的時候，或者今天有雲，下小雨，或者滿月的月光浮動，或者水波如鏡面，而使得白楊樹的倒影永遠以不同的形狀，不同的深淺，不同的質感出現，它是破碎的，它是迴旋的，它是若有若無的。但是你說，到底岸上的白楊樹才是唯一的現實，還是水裡的白楊樹，才是唯一的現實？事實上沒有一個是完全的現實，兩者必須相互映照、同時存在，沒有一個孤立的現實。然而在生活裡，我們通常只活在一個現實裡頭，就是岸上的白楊樹那個層面，手可以摸到、眼睛可以看到的層面，而往往忽略了水裡頭那個「空」的，那個隨時千變萬化的，那個與我們的心靈直接觀照的倒影的層面。

文學，只不過就是提醒我們：除了岸上的白楊樹外，有另外一個世界可能更真實存在，就是湖水裡頭那白楊樹的倒影。

我們如果只知道有岸上的白楊樹，而不知道有水裡的白楊樹，那麼做出來的價值判斷很可能是一個片面的、單層次的、簡單化了的價值判斷。

哲學——迷宮中望見星空

哲學是什麼？我們爲什麼需要哲學？

歐洲有一種迷宮，是用樹籬圍成的，非常複雜。你進去了就走不出來。不久前，我還帶著我的兩個孩子在巴黎迪士尼樂園裡走那麼一個迷宮；進去之後，足足有半個小時出不來，但是兩個孩子倒是有一種奇怪的動物的本能，不知怎麼的就出去了，站在高處看著媽媽在裡頭轉，就是轉不出去。

我們每個人的人生處境，當然是一個迷宮，充滿了迷惘和徬徨，沒有人可以告訴你出路何在。我們所處的社會，尤其是「解嚴」後的台灣，價值顛倒混亂，何嘗不是處在一個歷史的迷宮裡，每一條路都不知最後通向哪裡。

就我個人體認而言，哲學就是，我在綠色的迷宮裡找不到出路的時候，晚上降臨，星星出來了，我從迷宮裡抬頭望上看，可以看到滿天的星斗；哲學，就是對於星斗的認識。如果你認識星座，你就有可能走出迷宮，不爲眼前障礙所惑，哲學就是你望著星空所發出來的天問。

今天晚上，我們就來讀幾行〈天問〉吧。**（投影打出）**

天何所沓　十二焉分　日月安屬　列星安陳
何闔而晦　何開而明　角宿未旦　曜靈安藏

兩千多年以前，屈原站在他綠色的迷宮裡，仰望滿天星斗，脫口而出這樣的問題。他問的是，天爲什麼和地上下相合，十二個時辰怎樣曆誌？日月附著在什麼地方，二十八個星宿根據什麼排列，爲什麼天門關閉，爲夜嗎？爲什麼天門張開，爲晝嗎？角宿值夜，天還沒有亮，太陽在什麼地方隱藏？

基本上，這是一個三歲的孩子，眼睛張開第一次發現這個世界上有天上這些閃亮的碎石子的時候所發出來的疑問，非常原始；因爲原始，所以深刻而巨大，所以人，對這樣的問題，無可迴避。

掌有權力的人，和我們一樣在迷宮裡頭行走，但是權力很容易使他以爲自己有能力選擇自己的路，而且還要帶領群衆往前走，而事實上，他可能既不知道他站在什麼方位，也不知道這個方位在大格局裡有什麼意義；他既不清楚來時走的是哪條路，也搞不明白前面的路往哪裡去；他既未發覺自己深處迷宮中，更沒發覺，頭上就有縱橫的星圖。這樣的人，要來領導我們的社會，實在令人害怕。其實，所謂走出思想的迷宮，走出歷史的迷宮，在西方的歷史發展裡頭，已經有特定的名詞，譬如說，「啓蒙」，十八世紀的啓蒙。所謂啓蒙，不過就是在綠色的迷宮裡頭，發覺星空的存在，發出天問，思索出路，走出去。對於我，這就是啓蒙。

所以，如果說文學使我們看見水裡白楊樹的倒影，那麼哲學，使我們能藉著星光的照亮，摸索著走出迷宮。

史學——沙漠玫瑰的開放

我把史學放在最後。歷史對於價值判斷的影響，好像非常清楚。鑑往知來，認識過去才能預測未來，這話都已經説爛了。我不太用成語，所以試試另外一個説法。

一個朋友從以色列來，給我帶了一朵沙漠玫瑰。沙漠裡沒有玫瑰，但是這個植物的名字叫做沙漠玫瑰。拿在手裡，是一蓬乾草，真正枯萎，乾的，死掉的草，這樣一把，很難看。但是他要我看説明書；説明書告訴我，這個沙漠玫瑰其實是一種地衣，針葉型，有點像松枝的形狀。你把它整個泡在水裡，第八天它會完全復活；把水拿掉的話，它又會漸漸乾掉，枯乾如沙。把它再藏個一年兩年，然後哪一天再泡在水裡，它又會復活。這就是沙漠玫瑰。

好，我就把這一團枯乾的草，用一個大玻璃碗盛著，注滿了清水，放在那兒。從那一天開始，我跟我兩個寶貝兒子，就每天去探看沙漠玫瑰怎麼樣了？第一天去看它，沒有動靜，還是一把枯草浸在水裡頭，第二天去看的時候發現，它有一個中心，這個中心已經從裡頭往外頭，稍稍舒展鬆了，而且有一點綠的感覺，還不是顏色。第三天再去看，那個綠的模糊的感覺已經實實在在是一種綠的顏色，松枝的綠色，散發出潮濕青苔的氣味，雖然邊緣還是乾死的。它把自己張開，已經讓我們看出了它真有玫瑰形的圖案。每一天，它核心的綠意就往外擴展一寸。我們每天給它加清水，到了有一天，那個綠已經漸漸延伸到它所有的手指，層層舒展開來。

第八天，當我們去看沙漠玫瑰的時候，剛好我們一個鄰居也在，他就跟著我們一起到廚房裡去看。這一天，展現在我們眼前的是完整的、豐潤飽滿、復活了的沙漠玫瑰！我們三個瘋狂地大叫出聲，因爲太快樂了，我們看到一朵盡情開放的濃綠的沙漠玫瑰。

這個鄰居在旁邊很奇怪地說，這一把雜草，你們幹嘛呀？

我楞住了。

是啊，在他的眼中，它不是玫瑰，它是地衣啊！你說，地衣再美，美到哪裡去呢？他看到的就是一把挺難看、氣味潮濕的低等植物，擱在一個大碗裡；也就是說，他看到的是現象的本身定在那一個時刻，是孤立的，而我們所看到的是現象和現象背後一點一滴的線索，輾轉曲折、千絲萬縷的來歷。

於是，這個東西在我們的價值判斷裡，它的美是驚天動地的，它的復活過程就是宇宙洪荒初始的驚駭演出。我們能夠對它欣賞，只有一個原因：我們知道它的起點在哪裡。知不知道這個起點，就形成我們和鄰居之間價值判斷的南轅北轍。

不必說鑑往知來，我只想告訴你沙漠玫瑰的故事罷了。對於任何東西、現象、問題、人、事件，如果不認識它的過去，你如何理解它的現在到底代表什麼意義？不理解它的現在，又何從判斷它的未來？不認識過去，不理解現在，不能判斷未來，你又有什麼資格來做我們的「國家領導人」？

對於歷史我是一個非常愚笨的、非常晚熟的學生。四十歲之後，才發覺自己的不足。寫「野火」的時候我只看孤立的現象，就是說，沙漠玫瑰放在這裡，很醜，我要改變你，因爲我要一朵真正的芬芳的玫瑰。四十歲之後，發現了歷史，知道了沙漠玫瑰一路是怎麼過來的，我的興趣不再是直接的批判，而在於：你給我一個東西、一個事件、一個現象，我希望知道這個事情在更大的座標裡頭，橫的跟縱的，它到底是在哪一個位置上？在我不知道這個橫的跟縱的座標之前，對不起，我不敢對這個事情批判。

了解這一點之後，對於這個社會的教育系統和傳播媒體所給你的許許多多所謂的知識，你發現，恐怕有百分之六十都是半真半假的東西。比如說，我們從小就認爲所謂西方文化就是開放的、民主的、講究個人價值反抗權威的文化，都說西方是自由主義的文化。用自己的腦子去研究一下歐洲史以後，你就大吃一驚：哪有這回事啊？西方文藝復興之前是一回事，文藝復興之後是一回事；啓蒙主義之前是一回事，啓蒙主義之後又是另一回事。然後你也相信過，什麼叫中國，什麼叫中國國情，就是專制，兩千年的專制。你用自己的腦子研究一下中國歷史就發現，咦，這也是一個半真半假的陳述。中國是專制的嗎？朱元璋之前的中國跟朱元璋之後的中國不是一回事的；雍正乾隆之前的中國，跟雍正乾隆之後的中國又不是一回事的，那麼你說「中國兩千年專制」指的是哪一段呢？這樣的一個斬釘截鐵的陳述有什麼意義呢？自己進入歷史之後，你納悶：為什麼這個社會給了你那麼多半真半假的「真理」，而且不告訴你他們是半真半假的東西？

對歷史的探索勢必要迫使你回頭去重讀原典，用你現在比較成熟的、參考系比較廣闊的眼光。重讀原典使我對自己變得苛刻起來。有一個大陸作家在歐洲哪一個國家的餐廳裡吃飯，一群朋友高高興興地吃飯，喝了酒，拍拍屁股就走了。離開餐館很遠了，服務生追出來說：「對不起，你們忘了付帳。」作家就寫了一篇文章大大地讚美歐洲人民族性多麼的淳厚，沒有人懷疑他們是故意白吃的。要是在咱們中國的話，吃飯忘了付錢人家可能要拿著菜刀出來追你的。（笑）

我寫了篇文章帶點反駁的意思，就是說，對不起，這可不是民族性、道德水平或文化差異的問題。這恐怕根本還是一個經濟問題。比如說如果作家去的歐洲正好是二次大戰後糧食嚴重不足的德國，德國侍者恐怕也要拿著菜刀追出來的。這不是一個道德的問題，而是一個發展階段的問題，或者說，是一個體制結構的問題。

寫了那篇文章之後，我洋洋得意覺得自己很有見解。好了，有一天重讀原典的時候，翻到一個暢銷作家在兩千多年前寫的文章，讓我差點從椅子上一跤摔下來。我發現，我的「了不起」的見解，人家兩千年前就寫過了，而且寫得比我還好。這個人是誰呢？

（投影打出〈五蠹篇〉）

韓非子要解釋的是：我們中國人老是讚美堯舜禪讓是一個多麼道德高尚的一個事情，但是堯舜「王天下」的時候，他們住的是茅屋，他們穿的是粗布衣服，他們吃的東西也很差，也就是說，他們的享受跟最低級的人的享受是差不多的。然後禹當國王的時候他的勞苦跟「臣虜之勞」也差不多。所以堯舜禹做政治領導人的時候，他們的待遇跟享受和最底層的老百姓差別不大，「以是言之」，那個時候他們很容易禪讓，只不過是因爲他們能享受的東西很少，放棄了也沒有什麼了不起。（笑聲）但是「今之縣令」，在今天的體制裡，僅只是一個縣令，跟老百姓比起來，他享受的權力非常大。用二十世紀的語言來說，他有種種「官本位」所賦予的特權，他有終身俸、住房優惠、出國考察金、醫療保險……因爲權力帶來的利益太大了，而且整個家族都要享受這個好處，誰肯讓呢？「輕辭古之天子，難去今之縣令者也」，原因，不是道德，不是文化，不是民族性，是什麼呢？「薄厚之實異也」，實際利益，經濟問題，體制結構，造成今天完全不一樣的行爲。

看了韓非子的〈五蠹篇〉之後，我在想，算了，兩千年之後你還在寫一樣的東西，而且自以爲見解獨到。你，太可笑，太不懂自己的位置了。

這種衡量自己的「苛刻」，我認爲其實應該是一個基本條件。我們不可能知道所有前人走過的路，但是對於過去的路有所認識，至少是一個追求。講到這裡我想起艾略特很有名的一篇文學評論，談個人才氣與傳統，強調的也是：每一個個人創作成就必須放在文學譜系裡去評斷才有意義。譜系，就是歷史。然而這個標準對二十世紀的中國人毋寧是困難的，因爲長期政治動盪與分裂造成文化的嚴重斷層，我們離我們的原典，我們的譜系，我們的歷史，非常、非常遥遠。

文學、哲學跟史學。文學讓你看見水裡白楊樹的倒影，哲學使你在思想的迷宮裡認識星座，從而有了走出迷宮的可能；那麼歷史就是讓你知道，沙漠玫瑰有它特定的起點，沒有一個現象是孤立存在的。

會彈鋼琴的劊子手

素養跟知識有沒有差別？當然有，而且有著極其關鍵的差別。我們不要忘記，毛澤東會寫迷人的詩詞，納粹頭子很多會彈鋼琴、有哲學博士學位。這些政治人物難道不是很有人文素養嗎？我認爲，他們所擁有的是人文知識，不是人文素養。知識是外在於你的東西，是材料、是工具、是可以量化的知道；必須讓知識進入人的認知本體，滲透他的生活與行爲，才能稱之爲素養。人文素養，是在涉獵了文、史、哲學之後，更進一步認識到，這些人文「學」到最後都有一個終極的關懷，對「人」的關懷。脱離了對「人」的關懷，你只能有人文知識，不能有人文素養。

素養和知識的差別，容許我竊取王陽明的語言來解釋。學生問他爲什麼許多人知道孝悌的道理，卻做出邪惡的事情，那麼「知」與「行」是不是兩回事呢？王陽明說：「此已被私欲隔斷，不是知行的本體了。未有知而不行者；知而不行，只是未知。」在我個人的解讀裡，王陽明所指知而不行的「未知」就是「知識」的層次，而素養，就是「知行的本體」。王陽明用來解釋「知行的本體」的四個字很能表達我對「人文素養」的認識：真誠惻怛。

對人文素養最可怕的諷刺莫過於：在集中營裡，納粹要猶太音樂家們拉著小提琴送他們的同胞進入毒氣房。一個會寫詩、懂古典音樂、有哲學博士學位的人，不見得不會妄自尊大、草菅人命。但是一個真正認識人文價值而「真誠惻怛」的人，也就是一個真正有人文素養的人，我相信，他不會違背以人爲本的終極關懷。

在我們的歷史裡，不論是過去還是眼前，不以人爲本的政治人物可太多了啊。

一切價值的重估

我們今天所碰到的好像是一個「什麼都可以」的時代。從一元價值的時代，進入一個價值多元的時代。但是，事實上，什麼都可以，很可能也就意味著什麼都不可以：你有知道的權利我就失去了隱密的權利；你有掠奪的自由我就失去了不被掠奪的自由。解放不一定意味著真正的自由，而是一種變相的捆綁。而價值的多元是不是代表因此不需要固守價值？我想當然不是的。我們所面臨的絕對不是一個價值放棄的問題，而是一個「一切價值都必須重估」的巨大的考驗；一切價值的重估，正好是尼采的一個書名，表示在他的時代有他的困惑。重估價值是多麼艱難的任務，必須是一個成熟的社會，或者說，社會裡頭的人有能力思考、有能力做成熟的價值判斷，才有可能擔負這個任務。

於是又回到今天談話的起點。你如果看不見白楊樹水中的倒影，不知道星空在哪裡，同時沒看過沙漠玫瑰，而你是政治系畢業的；二十五年之後，你不知道文學是什麼，哲學是什麼，史學是什麼，或者說，更糟的，你會寫詩、會彈鋼琴、有哲學博士學位同時卻又迷信自己、崇拜權力，那麼拜託，你不要從政吧！我想我們這個社會，需要的是「真誠惻怛」的政治家，但是它卻充滿了利慾薰心和粗暴惡俗的政客。政治家跟政客之間有一個非常非常重大的差別，這個差別，我個人認爲，就是人文素養的有與無。

二十五年之後，我們再來這裡見面吧。那個時候我坐在台下，視茫茫髮蒼蒼、齒牙動搖；意興風發的總統候選人坐在台上。我希望聽到的是你們盡其所能讀了原典之後對世界有什麼自己的心得，希望看見你們如何氣魄開闊、眼光遠大地把我們這個社會帶出歷史的迷宮——雖然我們永遠在一個更大的迷宮裡——並且認出下一個世紀星空的位置。

這是一場非常「前現代」的談話，但是我想，在我們還沒有屬於自己的「現代」之前，暫時還不必趕湊別人的熱鬧談「後現代」吧！自己的道路，自己走，一步一個腳印。

（這是一九九九年五月十五日在台大法學院作的演講）

---

❶陳水扁在立法委員任內，曾因房屋產權問題而堅決要求錢穆先生遷離；錢先生遷屋不久即去世。一九九八年陳水扁曾爲此事公開表示懺悔。

百年思索

輯一

手捧著透明的細磁

百年思索

一

十九世紀的世界？

那要看你說的是哪一個世界。十九世紀後半葉的維也納，在斯蒂芬・茨威格的回憶裡是一個明亮美好的世界：

……普遍的繁榮變得愈來愈明顯，愈來愈迅速，愈來愈豐富多彩。照亮夜晚街道的，已經不是昏暗的燈光，而是耀眼的電燈。從主要街道到市郊的沿街店鋪都散射出迷人的新的光彩……水已經不再需要從水井或從水渠裡去提取，爐灶生火也不再那麼費勁，到處講究衛生，已不再滿目骯髒……人們都變得愈來愈漂亮，愈來愈強壯，愈來愈健康。畸形殘廢、甲狀腺腫大、斷肢缺腿的人在街上已日益少見。

……社會方面也在不斷前進；每年都賦予個人以新的權力，司法愈來愈溫和與人道……愈來愈廣泛的社會階層獲得了選舉權，從而有可能通過合法手段來維護自己的利益。社會學家和教授們競相為使無產者享有比較健康幸福的生活而出謀劃策，因此，這個世紀為自己所取得的成就而自豪。

十九世紀末葉的中國，你可以透過外國人的眼睛來看，譬如一個美國女傳教在一八九五年看見的山西：

……街頭到處都是皮膚潰爛的人，大脖子的、肢體殘缺變形的、瞎了眼的，還有多得無可想像的乞丐……骯髒，令人作嘔……一群男人就在我們眼前把褲子脫下來大便，然後蹲在那兒抓身上的蝨子……一路上看到的潰爛皮膚和殘疾令我們難過極了。

也可以透過中國人的眼睛來看，譬如梁啓超在一八九六年寫的：

……地利不闢，人滿為患。河北諸省，歲雖中收，猶道殣相望。京師一冬，死者千計。一有水旱，道路不通，運賑無術，任其項委，十室九空。濱海小民，無所得食，逃至南洋美洲諸地，鬻身爲奴，猶被驅迫，喪斧以歸。馴者轉於溝壑，黠者流爲盜賊。

……官制不善，習非所用，用非所習……一官數人，一人數官，牽制推諉，一事不舉……非鑽營奔競，不能療飢；俸廉微薄，供億繁浩，非貪污惡鄙，無以自給。

或者加拿大傳教士馬偕在一八七二年所投宿的「台灣最好的旅館」：

大馬路上一排低矮的磚房……房間極小，小得只能塞下三張床，沒有任何桌椅。薄板床的腳是磚塊疊的；沒有彈簧墊或床單被套，只有幾張骯髒的草席，抽鴉片的苦力在上頭睡過多年。沒有窗。花生豆油點起的微光讓人看見地板是黑濕的泥土，牆，污穢不堪且生了霉……鴉片味沖鼻，在門口污泥裡打滾的豬發出臭味……這些豬走進走出，但這是我們走遍了全島所住過最好的旅館。

每一個時代都有它的情緒。茨威格的十九世紀的歐洲人樂觀而且自負，「懷著自由派的理想主義眞誠地相信自己正沿著一條萬無一失的平坦大道走向最美好的世界。」梁啓超時代的中國人卻是惶惶不安的，「今有巨廈，更歷千歲，瓦墁毀壞，榱棟崩折；非不枵然大也，風雨猝集，則傾圮必矣。」每個人都有風雨欲來、大難臨頭的壓抑和緊張。

即使僅僅只是想寫本遊記，作者的序卻可以沉重得不勝負荷：「吾人生今之時，有身世之感情，有家國之感情，有社會之感情，有種教之感情。其感情愈深者，其哭泣愈痛；此洪都百鍊生所以有《老殘遊記》之作也。」

雖然執筆在二十世紀初，劉鶚表達的卻是十九世紀末的時代情緒：「棋局已殘，吾人將老，欲不哭泣也，得乎？」大廈將傾，棋局已殘，除了感時憂國的痛哭之外，還有救亡圖存的奮起。既沉重，又激越。

二十世紀的樹種在十九世紀的土壤裡，離地面最遠的一片葉子也含著土壤的成份。如果斯蒂芬・茨威格的維也納是我的土壤，我不會是現在的我。年輕時留學美國，看見美國的年輕人抬頭挺胸、昂首闊步，輕輕鬆鬆地面對每天升起的太陽，我覺得不可思議：這樣沒有歷史負擔的人類，我不曾見過。**我，還有我這一代人，心靈裡的沉重與激越，是否有一個來處？**

二

不是說，所有針砭時事的文章在事過境遷之後都要失去它的魅力？那麼為什麼梁啓超的文章在一百年之後仍舊讓四十歲的我覺得震動？

他分析專制政體如何塑造中國人的民族性格：

夫既競天擇之公例，惟適者乃能生存。吾民族數千年生息於專制空氣之下，苟欲進取，必以詐僞；苟欲自全，必以卑屈。其最富於此兩種性質之人，即其在社會上佔最優勝之位置者也。

他呼籲體制改革迫在眉睫否則將萬劫不復：

吾國民苟非於此中消息參之至透、辨之至晰、憂之至深、救之至勇，則吾見我父老兄弟甥舅，不及五稔，皆轉於溝壑而已。嗚乎，吾口已乾，吾淚已竭，我父老兄弟甥舅，其亦有聞而動振於厥心者否耶？

他的剖析像一把寒光刺目的刀，他的呼籲像傷口上抹鹽時哼不出來的痛楚。

在二十世紀還年輕的時候，十九世紀的文章也曾感動過另一個四十歲的人；胡適在一九三〇年說梁啓超的文字「我在二十五年後重讀，還感覺到他的魔力，何況在我十幾歲最容易受感動的時期呢？」

「最容易受感動的時期」是一九○五年，胡適十二歲，讀到三十二歲的作家梁啓超的大聲呼喊：

> 破壞亦破壞，不破壞亦破壞！

少年人熱血奔騰，「衝上前去，可不肯縮回來了。」

這個熱血少年在二十五年後變成北大教授，轉身對又是一代的少年呼喊：

> 少年的朋友們，現在有人對你們說：「犧牲你們個人的自由去求國家自由！」我對你們說：「爭你們個人的自由，便是爲國家爭自由！爭你們自己的人格，便是爲國家爭人格！自由平等的國家不是一群奴才建造得起來的！」

同時，他對繼滿清政府而起的新的獨裁毫不留情：

> 共產黨和國民黨協作的結果，造成了一個絕對專制的局面，思想言論完全失了自由

……一個學者編了一部歷史教科書，裡面對於三皇五帝表示了一點懷疑，便引起了國民政府諸公的義憤，便有戴季陶先生主張要罰商務印書館一百萬元！……至於輿論呢？我們花了錢買報紙看，卻不准看一點確實的新聞，不准讀一點負責任的評論：我們不能不說國民政府所代表的國民黨是反動的。

四十歲的胡適之所以仍受梁啓超的文章感動，難道不是因爲，儘管已經過了四分之一世紀，他所面對的中國仍是一個專制貧窮的中國，他所感受的痛苦仍是梁啓超的痛苦，他所不得不做的呼喊仍是梁啓超的呼喊？

而我，正好在胡適所抨擊的那個體制下出生、成長。十二歲的胡適在上海讀書，用心背誦抄寫的是《新民論》、《天演論》、《群己權界論》。老師們出的作文題目是「論日本之所由強」和「言論自由」。六十年之後，十二歲的我在台灣讀書，用心背誦抄寫的是「蔣公訓詞」。寫的作文題目是「民族救星」、「大有爲的政府」、「忠勇爲愛國之本」、「孝順爲齊家之本」。沒有人告訴我，胡適在一九三〇年曾經說：

少年的朋友們，請仔細想想：你進學校是爲什麼？你進一個政黨是爲什麼？你努力做革命工作是爲什麼？革命是爲了什麼而革命？政府是爲了什麼而存在？

也沒有人告訴我，在一九○○年梁啓超曾經說：

故今日之責任，不在他人，而全在我少年。少年智則國智……少年獨立則國獨立，少年自由則國自由。

於是到了一九八五年，《野火集》的作者所呼喊的是：

……中國學生……缺乏獨立自主的個性，盲目地服從權威……完全沒有獨立思考的能力……不敢置疑、不懂得置疑是一種心靈殘障；用任何方式——不管是政治手段或教育方式，不管是有意或無心——去禁止置疑、阻礙思考，就是製造心靈障礙……我們，是不是一個心靈殘障的民族？

一百年之後我仍受梁啓超的文章感動，難道不是因爲，儘管時光荏苒，百年浮沉，我所感受的痛苦仍是梁啓超的痛苦，我所不得不做的呼喊仍是梁啓超的呼喊？我自以爲最鋒利的筆刀，自以爲最眞誠的反抗，哪一樣不是前人的重複？

重複前人的痛苦，重複前人的努力，整個民族智慧就消耗在這一代又一代又一代的重複中。溫習中國近代史，翻過一篇又一篇的文章，不免生氣：他媽的，爲什麼每一代人都得自己吃一次蜘蛛，吃得滿嘴黑毛綠血，才明白蜘蛛不好吃？

北京大學是一八九八年維新運動的產物。一九九八年，爲慶祝北大百年校慶，北京學者李愼之寫著：

自由主義……是一種社會政治制度，也是一種生活態度。只有全社會多數人都具備了這樣的生活態度，也就是正確的公民意識，這個社會才可以算是一個現代化的社會，這個國家才可以成爲一個法治國家。

中國要達到這個目標，還有漫長而曲折的路要走。

唉，李愼之肯定知道汪康年在一八九六年說過的話：

全國之民皆失自主之權，無相爲之心。上下隔絕，彼此相離。民視君父如陌路，視同國若途人。夫民之弱與離，君所欲也。……積至今數千年，乃受其大禍。然則至今日，而欲力反數千年之積弊，以求與西人相角，亦惟曰復民權、崇公理而已。

「復民權、崇公理」，用今天的白話文來說，不就是「公民意識」、「法治社會」嗎？中間已經過了多少年？而前面「還有漫長而曲折的路要走」？

李愼之的心情，想必是憂鬱的。

三

中國的知識份子又以什麼樣的心情看待一九九八年六月美國總統柯林頓的北京之行呢？這個美國人，在他出發之前，許多中國人已經對他寄以厚望：希望他對中國當權者提出政治犯釋放名單，希望他在北京接見異議份子，希望他拒絕踏上天安門，希望他批評中國的人權政策，希望他……總之，希望他能向中國領導人進言而促成中國的政治改革，爲中國人爭取到自由和權利。中國頭號政治犯魏京生不是剛剛才接受了美國的保護嗎？

一八九八年，也有一個重要的外國人來到北京，叫伊藤博文。中國人對他也曾寄以厚望。《台灣日日新報》以生動的文字報導了九月十九日伊藤和康有爲的晤談。

康氏曰：「……君侯見太后時，請極言多國相迫，外患甚急，斷行改革，則中國尚能自立，不然，必難當各國分派，其禍患不可勝言。」

侯曰：「諾。」

康氏又曰：「君侯見太后時，請極言倡論改革多士，皆具忠心爲國家謀幸福，無他意者……」

侯曰：「諾。」

康氏又曰：「君侯見太后時，請極言滿人漢人，同爲清國赤子……滿漢界線，切不可分。」

……侯連答皆諾之。康氏色怡曰：「君侯能爲太后逐一言此，則一席話足救我中國四億萬人，豈惟敝邦幸福，東方局面，地球轉運，實繫在君侯焉。」

伊藤來不及見到太后，政變已發生。康有爲成爲中國頭號政治犯，透過英國人的主動援救而流亡日本。

李鴻章要求伊藤遣回康有爲，伊藤回答：

唯唯否否不然。康之所犯如係無關政務，或可遵照爵相所諭。若干涉國政，照萬國公法不能如是辦理，當亦貴爵相所相知。

歷史情境的相似像電影的蒙太奇。政變發生，有決定留下來流血犧牲的，譬如譚嗣同；有決定出走流亡的，譬如康梁。國際輿論不滿北京政府的鎮壓，紛紛插手。爲了聲援黃遵憲，英國宣佈「如中國國家欲將黃遵憲不問其所得何罪必治以死，則我國必出力援救以免其不測之禍。」幾個魯莽的美國人甚至試圖劫獄。

抵達彼岸的流亡人士起先受到外國媒體的包圍和愛國華僑的支持。時日稍久，部分流亡者彼此之間產生矛盾，相互攻擊，財務不清者有之，道德敗壞者有之。而在中國，原來喧騰一時的改革呼聲突然噤聲。

柯林頓和伊藤博文難道不是扮演了同一個角色，在同一個舞台，演出同一個腳本？那個天眞的美國人還果眞大談自由民主，說美國人所相信的人權價值是普世價値；面對鏡頭的他風度翩翩，辯才無礙，渾身散發著文明的自負與優越。

對，我眞想狠狠踢他一腳，說：下來！這些話不需要你來對中國人說。

但是，我當然知道，這些話就是需要由外國人來說；中國人自己說了是要治罪的。該被踢一腳的當然不是他。我的一時衝動，只是由於想起譚嗣同臨刑前的話：「外國變法未有不流血者，中國以變法流血者，謂自譚嗣同始。」

譚嗣同如果知道在他之後有多少血要流進中國的土地，一百年之後還在流，爲同一個理由流，我確信，他會死不瞑目。

四

所以外國以人權為理由干涉中國內政也有一百年的歷史了。而圍繞著這種洋人「干涉」的辯論，是不是不一樣了呢？

二十世紀九〇年代的爭執是：人權是不是西方文化專屬特產，適不適合中國國情，有沒有所謂中國國情。

上海學者王元化在一九九五年的看法是：

> 我不贊成所謂萬物皆備於我的返本論，尤其當有些人假借東方主義的理論，只承認文化傳統的特性，不承認各個民族由人類共性所形成的相等的價值準則，因而拒絕遵守國際公法和人性原則的時候，這個問題就更突出了。今天不應該再出現清軍在常勝軍協助下攻破太平軍駐守的蘇州，因殺降而遭到戈登將軍責問時，以「國情不同」為藉口來搪塞的荒唐事了。

一九九八年我的一篇以德文發表的文章在歐洲引起一些注意：

個人、自由、人權，在西方文化裡也是經過長期的辯證和實驗才發展出來的東西，不是他們「固有」的財產……文化，根本沒有「固有」這回事……文化是一條活生生的、浩浩蕩蕩的大江大河，不斷地形成新的河道景觀。文化一「固有」，就死了。……儒家思想本身，又何嘗不是一個充滿辯證質疑、不斷推翻重建的過程？

梁啓超在一八九六年寫的〈論不變法之害〉，熟讀清史的王元化想必了然於心，我卻是第一次細讀。我的錯愕在王元化眼中一定顯得可笑。

梁啓超這篇氣勢磅礴的文章說了些什麼呢？第一，「上觀百世，下觀百世，經世大法，唯本朝爲善變」。所謂傳統所謂國情，就是不斷地推翻重建。第二，「吾所謂新法者，皆非西人所故有，而實爲西人所改造」。民主科學現代化，只是在西方發生，改變了西方，而不是西方文化固有本質。第三，「天子失官，學在四彝」。如果民主科學在中國文化中找不到，可以學。第四，更何況，中國傳統龐雜多元，不見得找不到；中國有神農后稷，有庠序學校，有議郞博士，有墨翟元倉關尹。

結論呢，「法者天下之公器也，變者天下之公理也。大地即通，萬國蒸蒸，日趨於上。

大勢相迫，非可閼制，變亦變，不變亦變！」世界有某些共同的價值，往這些價值邁進，是推擋不住的世界趨勢。

這篇文章在我讀來覺得驚心動魄，因爲它所碰撞的幾個問題正好是一百年以後中國知識界最關切的大問題之一——中國文化的現代化。看看中研院李明輝在一九九七年怎麼描述：

當代儒學所面對的時代問題主要是現代化問題……現代化不等於西化，但我們不能不承認：現代化的歷史動力主要是來自西方，因此，中國文化在追求現代化的過程中，自始便與「它該如何面對西方文化」的問題相關聯……在面對現代化的問題而進行自我轉化的過程中，當代儒學一方面致力於現代化的意義，一方面重新詮釋自己的傳統。這兩方面的工作是相互關聯、同步進行的，而且都必須透過對西方文化的吸納和消化來進行。

梁啓超的「法者天下之公器也，變者天下之公理也」所勾勒出來的難道不就是我們轉進二十一世紀的此刻所面對的現代化以至於全球化的基本原則嗎？

而我自以爲得意的文章，又說了什麼梁啓超不曾說過的話？王元化可也覺得憂鬱？

五

我想，我落進了一個自己畫出來的圈套。感嘆後人沒有超過前人，就是假定歷史以直線往前邁向進步，譬如斯蒂芬・茨威格時代的維也納人。他們「覺得每隔十年便標幟著更上一層樓的進步」；他們「始終不渝地深信容忍與和睦是不可缺少的約束力。他們眞心實意地以爲，各國和各教派之間的界線和分歧將會在共同的友善中逐漸消失，因而整個人類也將享有最寶貴的財富——安寧與太平。」

這是茨威格十九世紀的父輩們所相信的進步主義。茨威格寫回憶錄是在一九四〇年；這一年，身爲猶太人，他，以及他的父輩，已經被逆轉的時代狂潮所粉碎。二十世紀的一代人，已經沒有人敢相信歷史是直線進步的：

> 我們今天的人已不得不使自己漸漸習慣於生活在一個沒有立足點，沒有權利，沒有自由，沒有太平的世界。我們早已爲了自己的生存而摒棄了我們父輩們的以爲人性會迅速和不斷提高的信念。鑒於一場猛一下就使我們的人性倒退近一千年的災難，在我們這些得到慘重教訓的人看來，那種輕率的樂觀主義是十分迂腐的。

一九四二年，憂傷的作家自殺身亡。

三〇年代，楊杏佛曾經喟嘆：「爭取民權的保障是十八世紀的事情。不幸我們中國人活在二十世紀裡還是不能不做這種十八世紀的工作。」

這個說法，茨威格不會同意，希特勒統治下的托瑪斯・曼不會同意，東德何內克統治下的藝術家們不會同意。歷史的重複、文明的倒退，在二十世紀裡有太多的見證者。

最令人困惑的，是日本。從康梁時代到一百年後的今天，中國人一直在讚美明治維新如何奠定了日本現代化的基礎。康有爲讓光緒皇帝苦苦鑽研的兩本書之一，就是他所寫的《日本變政考》。中國百日維新的失敗像一塊破抹布，擦亮了明治維新這塊代表進步的銅牌。

明治維新眞這麼光滑燦亮嗎？很少被提及的是，英法美荷四國聯軍曾經砲轟下關，強迫通商；激烈的攘夷運動、連串的軍事鎭壓、激進派的暗殺行動、國粹派的反動，貫穿整個明治維新時期。

再說，日本軍國主義的種子難道不是種在明治維新的意識型態裡？福澤諭吉在他一八八五年的《脫亞論》中所提倡的進步論調就是要「擺脫亞洲的固陋，轉向西方的文明」，主張「我國不要猶豫等待鄰國的開明，共興亞洲，而應該脫離這一隊伍，與西方的文明共進退；對於中國和朝鮮，也應該像西方人對待中國和朝鮮那樣地來對付。」

不是基於這樣的「進步」理念才會有一八九四年的「清日戰爭」嗎?中國戰敗所給予日本的三‧六億日元,是日本國家預算的五、六倍,大幅度促進了日本的工業發展;更重要的,其中超過五分之四被用在日後的擴充軍備上。甲午戰爭的勝利簡直就是明治維新獲得的獎牌,標幟著「進步」。

可是,一九四五年,當原子彈將日本國土燒成焦黑、大和人民屍橫遍野的那一刻,明治維新究竟是勝利了還是失敗了?歷史,在那一刻,究竟是前進了還是後退了?

弗洛伊德大概是對的。他說我們的文明,或者說文化,只是非常薄非常薄的一層,隨時可能被惡的欲念衝破。

非常薄的一層什麼呢?我想,**像手捧著的透明的細瓷吧,一不小心就要粉碎。一旦嘩啦碎在地上,我們又得從頭來起,匍匐在地,從掘泥開始。**

六

如果瓷器不摔下來,如果文明能平靜地累積一段時候,有些理想卻也是可以實現的。陳少白在一百年前來台灣成立興中會台灣分會時,不會料到這個島嶼將來要變成中華民國的根據地。章太炎在戊戌政變後流亡台灣,曾經寫到這個「東南富饒之地」有一天「必有超軼乎大陸者」；他不可能料到，一百年後，台灣「超軼乎大陸」的會是什麼。

到一九五二年，胡適仍在抵擋國民黨的專制；唯一不同的是，三○年代的他咄咄逼人、氣勢萬鈞，五○年代的他——人老了可能不是唯一的原因——低調、迂迴、欲言又止。但他仍舊呼喊：「人人應該把言論自由看作最寶貴的東西，隨時隨地的努力爭取，隨時隨地的努力維持……」

這是胡適在紀念《自由中國》創刊三週年的致詞。八年後，雜誌被查禁，雷震下獄，判刑十年。看起來是件大事，因爲胡適和雷震名氣太大。人們不太知道也不太記得，早在一九四九年，台灣作家楊逵因寫過〈和平宣言〉而被判十二年監禁。〈和平宣言〉所要求的也不過是「請政府從速準備還政於民，確切保障人民的言論集會結社出版思想信仰的自由。」

一直到一九八七年，台灣和大陸一前一後地走在百日維新以來同一條「漫長而曲折的道路上」。八七年以後，它卻折上了另一條路，一條嶄新的、沒有前人足跡的路。

在二十世紀末的台灣——孫中山和黃花崗七十二烈士所締建的「中華民國」，沒有人再談爭取自由，沒有人再談爭取人權，因爲憲法保障的自由和人權都已獲得。梁啓超的作文題目總算過時了。在一九九八年，兩千一百萬台灣人已經擁有與西方齊步的基本權利，譬如居住遷徙自由、言論出版自由、祕密通訊自由、集會結社自由、宗教信仰自由，以及所謂生存權、工作權、財產權、參政權、請願訴願權、國民教育權等等。另外被視爲理所當然的還有社會福利保險、健康醫療、文化藝術發展和弱勢團體的特別保護。

這不是十九世紀的知識份子所夢寐以求的「復民權、崇公理」嗎?梁啓超一代人影響胡適一代人;胡適一代人影響殷海光一代人;殷海光一代人之後有一波又一波前仆後繼的知識份子,這是捧著瓷器跑步的接力賽。瓷器一百年不落地而碎,它就嫣然放出光芒,證明一百年前張之洞的缺乏遠見:

> 使民權之說一倡,愚民必喜,亂民必作,紀綱不行,大亂四起……子不從父,弟不尊師,婦不從夫,賤不服貴,弱肉強食,不盡人類不止。環球各國必無此政,生番蠻獠亦必無此俗。

百日維新後的第一百年,中國大陸的知識份子仍不敢暢談自由主義;談時或者小心翼翼半吞半吐,唯恐招來禍害,或者斷章挑選自由主義理論中對當前現實「有用」者,唯恐引起反效果。台灣知識份子面對的問題卻完全是另一個階段另一個性質的問題。台大的江宜樺說的不錯:

> 當越來越多的自由權利被開發出來並形成對立衝突之局,民主審議就成了不得不然

的調節機制，因爲我們面對的再也不是簡單的自由派或保守派之別，而是不同自命爲自由派的自由主義價值之別。這種困境的內在意義，恐怕才是現代社會中所有提倡個人權利的行動者，所必須深思的課題。

新得到的自由在台灣人的手裡，像一條抓不住的泥鰍。

七

或者說，是一個仍在拉坯階段尚未成形的瓷器？在台灣這個實驗室裡，西方民主制度和中國傳統文化摻雜混合而冒出來的奇形怪狀，令人眼花撩亂，目不暇接。梁啓超在一九〇三年就有所憂慮：「然吾聞共和政體，以道德爲之氣者也。」他指的是公民道德，也是我們今天所說公民社會裡的人民素質。「苟脫威力之制裁，而別無道德之制裁以統一之，則人各立於平等之地，人各濫用其無限之權，挾懷私見。」下一代的李大釗在一九二一年也大喊：「我們所要求的自由，是秩序中的自由，我們所顧全的秩序，是自由間的秩序。」

梁啓超和李大釗能想像到今天這種情況嗎？譬如說，在台灣的民主社會裡，黑道用金錢與暴力，用裹脅與利誘，取得地方派系的合作，操縱選舉而進入議會，往往成爲議長而控制議會。流氓轉化為民意代表，監督政府預算。而政府當然包括警察局。

於是荒謬的局面就出現了：魚肉良民的黑道角頭代表「民意」高高在上，除暴安良的警察局長無限委屈地在下等候質詢，擔心他的預算被議會刪減。官兵和強盜，在完全民主合法的操作中，調換了位置。

台灣人對自由與秩序之間矛盾而複雜的關係，認識也很低，尤其以被送出來的民主政府為代表。譬如以偵防中共間諜為理由，調查局可以公然宣佈將對自己國民設立「忠誠檔案」，採取監視。譬如以增加效率為理由，行政院可以宣佈要發行ＩＣ「國民卡」，將國民個人資料、照片、指紋以及控制網路活動的電子簽章以數位方式記錄在卡片上。這種為了所謂行政效率而罔顧個人隱私權的作法，在任何法制先進的國家裡都會使得全國譁然，激烈抗爭不止。在台灣這個剛剛起步的社會裡，連一個稍微健全一點的監聽法規都還沒有成立，簡直就沒有任何方法可以抵抗政府，或者黑道及商業團體利用政府，在暗中侵犯人民通訊的自由。行政院貿然宣佈「國民卡」的發行，表示政府官員連自己可能侵犯人民自由的這個基本認識和自覺都沒有，實在令人不寒而慄。❶

當然，跨進二十一世紀的台灣年輕人和我這一代人已經有著明顯的不同，他們抬頭挺胸、昂首闊步，輕輕鬆鬆地面對每天升起的太陽，看起來背上沒有任何歷史負擔。不需要沉重，也無所謂激越。

我們只能希望，他們抱好手裡的瓷器，不要讓它摔下來粉碎；因爲粉碎的時候，下一代又得匍匐在地，從掘泥開始。

只能謙卑地希望。

八

兩個世紀的中國知識份子面對的其實是一個問題：西化的問題。十九世紀的改革家顯得急迫，但充滿自信，對於改革的目標堅信不移。王韜的筆調多麼典型：

……天時人事，皆由西北以至東南，故水必以輪舟，陸必以火車，捷必以電線，然後全地球可合爲一家。中國一變之道，蓋有不得不然者焉。不信吾言，請驗諸百年之後。

好大的口氣啊，王韜。他似乎沒有深想：輪舟火車電線將造成產業結構改變，產業結構改變將造成社會結構改變，社會結構改變將瓦解原有的道德架構和文化秩序，道德架構和文化秩序瓦解之後如何重建？

這樣要求十九世紀的人當然是不公平的。王韜所面對的是一個牢套在中國舊傳統框框裡的社會，因此他要達到的只是打破那個框框；打破了之後怎麼辦，是二十世紀的問題。

胡適說，中國新文化運動的起點是十九世紀的百日維新；如果我們接受這個說法，那麼百日維新之後有五四運動的全盤西化，之後有五〇年代的全盤蘇化，之後有徐復觀等人掀起的新儒家運動，有蔣介石在台灣推行的中華文化復興運動，有錢穆所呼籲的舊文化運動……。每一個運動都在尋找答案：西化、蘇化、傳統化……。相對於十九世紀知識份子的篤定，二十世紀的人毋寧是猶豫的、懷疑的、思索的。殷海光的心情是許多人的心情：

我恰好成長在中國的大動亂時代，在這個動亂的時代，中國的文化傳統被連根的搖撼著，而外來的觀念與思想，又像狂風暴雨一般的沖激而來。這個時代的知識份子，感受到種種思想學術的影響……無所適從。在這樣的顛簸中，每一個追求思想出路的人，陷身於希望與失望、吶喊與徬徨、悲觀與樂觀、嘗試與獨斷之中。我個人正是在這樣一個大浪潮中間試著摸索自己道路前進的人。

在西方生活了二十年的我自己，作爲一個微小的典型，距離殷海光三十年，是這麼說的：

我生來不是一張白紙；在我心智的版圖上早就浮印著中國的輪廓。我讀萬卷書，行萬里路，卻總是以這心中的輪廓去面對世界，正確地說，應該是西方世界。怎麼叫「面對」呢？面對不言而喻含著對抗的意思。一個歐洲人，絕對不會說，他一生下來就「面對」東方文化，因爲他的文化兩個世紀以來一直是世界的主流，他生下來只有自我意識，沒有對抗意識。

二十世紀的人猶豫、懷疑、思索，不是因爲他知道得太少，而是因爲他知道得太多；不是因爲他西化太淺，而是因爲他西化太深。王韜說，「請驗諸百年之後」，百年之後，中國——還有非洲、印度、伊斯蘭世界——的知識份子發現自己共同的處境：全球化的力量越大，本土化的欲望也越高；西化越深，回歸傳統的嚮往也越強。現代化全球化與民族化本土化兩邊使勁所拉出來的張力，在二十世紀末，成爲中國知識份子一個極重要的課題。

如果說，一八九八年的文化菁英所思考的是如何走向西方，那麼一九九八年的人文知識份子所猶豫所懷疑所思索的是：如何走向自己。

非常艱難，因爲，在一百年努力西化的道途中，中國人拋掉了太多自己的東西。究竟拋掉了多少？張之洞的《書目答問》可能提供了一個指標。

這是張之洞在一八七五年爲全國「初學者」所開的一個書單。從先秦到當代學術，甚至包括天文幾何等所謂新學，總共列了兩千兩百種書，兩千多位作者。《書目答問》流傳很廣，影響極大。透露給我們的等於是一百年前中國知識份子的「共同知識範疇」（common stock of knowledge）。在這個共同範疇內，從周秦諸子到程朱陸王之學到乾嘉漢學，都是文化人可以指涉運用、彼此溝通辯詰的知識符號。

一百年以後，錢穆驚慌萬分地說：

> 今天我們對傳統的舊中國，已可說是完全無知識了。那麼對以後的新中國，我問諸位又有什麼理想抱負呢？那麼我想要發財，便贊成自由資本主義的社會。我自問發不了財，便贊成共產主義的社會。怕只有這兩條路了，還有第三條路嗎？我們中國民族將來的出路究竟在哪裡？這樣一想很可怕的。

說得好，西化、蘇化之外，應該有另一條路。於是錢穆爲一九七九年的中國「知識份子」、「讀書人」，開出一個國學書單：《論語》、《孟子》、《老子》、《莊子》、《六祖壇經》、《近思錄》、《傳習錄》。總共七本。

書單開出的同時，錢穆還趕忙強調：後三本，全是白話文！

二十世紀末海峽兩岸的知識份子當然也有一個「共同知識範疇」，但是不可否認的，其中很大一部分是支離破碎的存在主義、女性主義、新馬克思主義；支離破碎的後現代主義、結構主義與解構主義、後殖民主義與東方主義；更別提支離破碎的達達主義、表現主義、超現實主義、魔幻寫實主義。支離破碎來自西方文化的「狂風暴雨」，來自中國傳統文化之被「連根的搖撼著」。

張之洞的兩千兩百部必讀的書和錢穆的七部必讀的書放在一塊兒，再問：這一百年間中國人拋掉了多少自己的東西？這個過程，稱之爲集體失憶、自我滅音，也不算太過吧？

所以，可以回到十九世紀第一個提倡「自改革」的龔自珍。他的名言：「滅人之國，必先去其史；隳人之枋、敗人之綱紀，必先去其史；絕人之材，湮塞人之教，必先去其史。」廣義的史，也就是國學——自己民族所傳承積累的文史哲學。兩百年從「自改革」出發、奮力走向西方的漫長道路上，龔自珍大概不曾預見這個歷史的悖論：「去其史」者最積極的，竟是中國人自己。

可是，這樣一個悖論不正給了二十一世紀的思索者一個新的起點嗎？一個與梁啓超、王韜時代截然不同、充滿挑戰的起點？

斯蒂芬・茨威格見證二十世紀大倒退、大黑暗的回憶錄，是這樣結束的：

可是不管怎麼說，每一個黑影畢竟還是光明的產兒，而且只有經歷過光明和黑暗、和平和戰爭、興盛和衰敗的人，他才算真正生活過。

九

我在草原上看一團風在白楊樹叢那邊呼嘯來去，翻起白楊的葉子像千千萬萬金屬薄片顫動，簌簌作響。野花開滿了山坡，濃香引來白色的粉蝶飄忽上下。幾十隻烏鴉從麥田裡驀然騰起，像一張張黑傘美麗的撐開。蕎麥稈子忍不住麥穗的飽滿沉重而塌陷。草原上的風獵獵吹著。

偶然回頭，太陽已經姍姍下沉，沉在無邊無際的玉米田後面，滿天霞色像三月的桃花爛漫，映紅了新熟的玉米。

我們的世紀啊。

一九九八年八月十六日

❶因爲「全國嘩然」，國民卡發行遂取消。

詩人剛走，馬上回來

我生活在一個傳統無所不在的國家。在這裡，兩百年前的人栩栩如生，好像只是出門到巷口買個報紙，馬上回來；他桌上的茶還熱著呢。

一九九七年的德國，翻開報紙，打開收音機和電視，無處不是海涅的消息。他的〈羅雷萊〉詩被舒伯特譜成歌曲，連中國的孩子都會唱。一九九七年，德國人用一整年的時間在紀念詩人兩百歲的冥誕：海涅朗誦節、海涅學術研討會、海涅音樂會。

一九九七年，無處不是舒伯特的消息，在報紙副刊上，在收音機裡，在出版社的海報書目上，在書店的玻璃櫥窗裡。舒伯特的傳記被製成書籍、錄音帶、CD、廣播劇、電影。整個德語世界從城市到鄉村的音樂廳裡，響著舒伯特的小夜曲、交響樂、民歌。一九九七年是舒伯特兩百歲的冥誕。

一九九八年，鬱金香才剛從蘇醒的土裡鑽出，空氣裡已經到處響著布萊希特的名字；今年是這位劇作家一百歲的冥誕。他的劇本在大大小小的劇場巡迴演出，他的作品在一場又一場的研討會中讓專家們爭來辯去，他的生平軼事佔據一版又一版的文化副刊。與布萊希特有關的書甚至被搬到台北的國際書展中去佔一個特別尊貴的位子；中文讀者對他當然不陌生，布萊希特的《四川來的好人》在世界文學裡太有名了。

一九九九年，不管它世紀末不世紀末，德國人正準備轟轟烈烈地慶祝另一個人的生日，比慶祝海涅、舒伯特、布萊希特都要認眞而隆重：這年是歌德兩百五十歲冥誕。法蘭克福，歌德的出生地，將是張燈結綵的大舞台。

市政府已經撥下約一百萬美金預算，覺得還不夠，轉向企業界募款。德意志銀行馬上捐出六十萬美金，商業銀行也貢獻了十幾萬。別的捐款源源而來。暮春四月，「歌德的散步」開始慶典的序幕；人們從歌德的老房子出發，沿著萊茵河，踩著歌德當年的腳印，走到他愛去的「磨坊」酒館。古意盎然的酒館就在河邊，有老樹垂柳圍繞，幾乎一石一木仍是舊時顏色——好像歌德離開他桌上喝了一半的啤酒，只是去買份報紙罷了。散步途經的綿延數公里，會有一路的戶外雕塑展和畫展，還有歌德詩歌的即興朗誦。

兩百年前行路不易，歌德算是個大旅行家了，坐在馬蹄達達顚簸不堪的驛車裡，遊藝歐洲。一九九九年的「詩人之旅」將由火車把歌德的崇拜者從法蘭克福載到歌德曾經雲遊的城市：斯特拉斯堡、蘇黎世、義大利的佛倫那……。八月二十八日，歌德的生日，是整個慶典的高潮；「歌德文學獎」要頒發，朗誦會要舉行，法蘭克福要變成一個歌德城。事實上，一整年都是歌德年：社區圖書館會舉辦各種歌德講座和詩歌朗誦，博物館有各形各色與歌德有關的特展，現代美術館預備把整棟建築的外表畫成歌德風格，其他美術館將聯合起來展出「一七七〇年的歐洲」，把歌德時代的藝術、音樂、文學、服裝、建築、家具，也就是說，把兩百年前孕育了歌德的整個文化史和生活史呈現出來。

平常，有學問沒學問的德國人就喜歡動不動背上幾句歌德的格言作爲教養的裝飾，玻璃書櫃裡當然得擺著精裝的《歌德全集》；九九年可眞的要煩死人了，舉國上下都要談歌德，談他的情詩和抒情詩，談他的妻子和情人們，談他的浮士德和魔鬼。但是，我究竟是眞的厭煩呢，還是嫉妒？

讓我想想，和歌德同時代的中國文學家有哪些？紀曉嵐、袁枚、姚鼐、龔自珍、李汝珍（《鏡花緣》）、陳端生（《再生緣》），然後，當然還有吳敬梓和曹雪芹！他們的冥誕有誰記得有誰慶祝呢？難道他們不是到巷口去買報紙，茶還熱著？

我承認我嫉妒，而且有點兒莫名的辛酸。

活的文化，死的理解

在《遊民文化與中國社會》的序言裡，李慎之先生主要提出一個質疑：如果只以正統文化的觀點了解中國，我們是不是遺漏了極重要的「隱性社會」而得到的並非眞相或全貌？他說，改革開放二十年來文化研究重新熱起，但是學者們的研究角度可能仍舊「認爲中國大體上是孔孟敎化下的『以仁爲體，以禮爲用』的禮儀之邦」，而事實上「中國還有一個歷來被文人學士忽視的遊民社會」，與官方的、正統的意識型態對立。要了解「眞正」的中國，遊民文化的深層結構不能不挖掘。

我不能不想起盜跖這個傢伙。盜跖是個大流氓，黑道裡的「大哥」，帶著九千個小流氓，「橫行天下，侵暴諸侯」；他搶人家的牛馬，強姦人家的婦女，不顧自己的父母兄弟，甚至也不是什麼劫富濟貧、盜亦有道的羅賓漢。想以仁義禮敎去感化他的孔丘找到他時，他正在煎人肝。聖人和強盜交鋒的結果是可以想像的：盜跖威脅他，「再不滾開就把你的肝也挖來煎」。孔丘面如死灰地落荒而逃。

孔丘的價值和史觀成爲兩千多年來中國的正統，但是盜跖——別說他是寓言人物，寓言往往比所謂事實還要接近眞相——難道沒有屬於盜跖的價值系統和史觀嗎？顯然有的。他認爲孔子「矯言僞行，以迷惑天下之主，而欲求富貴焉，盜莫大於子。天下何不謂子爲盜丘，而乃謂我爲盜跖？」大哉斯言！用現代的語言來說，監獄裡的搶劫犯也許只盜了數得出的錢，高居要職的達官貴人所盜的可能是整個國家。誰是眞正的大盜，得看用的是誰的標準。

盜跖的史觀也是偏離正統，令人咋舌的。「黃帝不能致德，與蚩尤戰於涿鹿之野，流血百里。堯舜作，立群臣，湯放其主，武王殺紂。自是以後，以強凌弱，以衆暴寡。湯武以來，皆亂人之徒也。」盜跖自己是個無惡不作的暴徒，卻稱他人爲「亂人之徒」，而且儼然自成邏輯，理直氣壯。

一個道德家或許必須在孔丘和盜跖之間做一個誰是誰非的抉擇，可是一個史學家、社會學家、哲學家、任何一個文化研究者，如果只知有孔丘而不知有盜跖，他對文化的認識一定是片面的，可疑的。但是倒過來說，如果只知有盜跖而不知有孔丘，結果恐怕也是一場災難吧。而中國歷史上只承認盜跖不承認孔丘的時代可並不少。不知愼之先生是否同意，眞正的問題或許並不在於居正統地位的中國文人學士忽略遊民文化的重要，而在於，正統地位其實常常易位；當遊民本身變成統治者時，文人學士反而變成被踩在腳底下的「隱性社會」。杜亞泉的解析實在一針見血，他說，遊民取得政權後就貴族化，再建貴族化政治，而這裡所謂

「貴族」性，就是「凡事出於武斷，喜壓制，好自矜貴，視當世人皆賤」（錄自王元化先生《思辨隨筆》）。所以在政治史上，貴族文人與遊民痞子輪流佔據所謂正統地位；前者統治時，遊民文化當然被排斥在正統之外，但是後者統治時，遊民價值獨霸主流，倒過來壓制知識傳統，以文人為「賤民」。盜跖這個甲級流氓在文革時不是被捧出來作為批孔的造反英雄嗎？孔丘在二十世紀不是果真變成了「盜丘」嗎？

如果這個理解是正確的，那麼「文人學士忽略遊民傳統」就不是問題的癥結了。問題的癥結在中國人對於「正統文化」的窄化和獨霸。問題的癥結在統治者，不管是痞子還是貴族，只允許一種正統的解釋，而知識人，包括愼之先生所關心的文化研究者，因為長期被剝奪質疑的權利，逐漸失去活潑批判、理性顛覆的能力。正統文化的內涵成為一潭活水不入、風吹不動的死水。

死水只有一個發展方向，就是魚爛、腐化。貴族統治走向極端，我們就看見整個社會的僵化。龔自珍所觀察的中國是一個「左無才相，右無才史，閫無才將，庠序無才士，隴無才農，廛無才工，衢無才商」的絕對平庸的社會，連應該是最潑辣狂野的遊民，譬如妙手神偷和江洋大盜，都被馴化成猥瑣的偷鷄摸狗之徒。遊民或痞子意識的統治走向極端，我們就看見知識份子的家畜化；「今之為士者，以混跡無聞為福，以受玷不錄為幸。以屯田工役為必獲之罪，以鞭笞捶楚為尋常之辱。」即使是今天，我相信沒有中國的讀書人讀明朝廷杖的叙述能夠無動於衷：「宣讀畢，一人持麻布兜，自肩脊下束之，左右不得動，一人縛其兩足，四面牽曳。惟露股受杖。頭面觸地，地塵滿口中。受杖者多死。」知識份子集體性地受凌辱受虐殺，難道不是貨眞價實的中國「正統」文化、「正統」歷史的一部分？

生於奧地利的哲學家卡爾•波普曾指出，與其說基督教塑造了西方文化，不如說反基督教塑造了西方文化。文藝復興以後的自由主義思想基本上來自西方人自己對基督教價值的反抗和反省，一種正統的偏離而又自成正統。套用波普的說法，那麼與其說儒家正統就是中國文化，不如說反儒家或非儒家——包括極重要的遊民文化和痞子政治——塑成了中國文化的面貌。俗語說，沒有兩面不成一個銅板。

李愼之先生所試圖提醒的正是與所謂「儒家正統」對立的文化的重要，譬如各種類型各個時期的遊民。我所提出的問題只是：被忽略的也許不只是一個特定的遊民文化，而是任何不見容於既成「正統」的文化，而中國人對「正統」的理解何其狹窄。觀察敏銳的他當然很清楚，與「正統」對立的文化還有許多別的層次；相對於征服者有被征服者，相對於儒家有反儒和非儒，相對於知識菁英有草根階層，相對於漢族本位有少數民族意識，相對於男性父權主宰有女性觀點，相對於嚴肅的有通俗的，相對於中央集權有地方性格，相對於中國中心論有比較文化學，相對於大陸文化有海洋文化。也就是說，對任何一個所謂中心，都有某一個邊緣的存在，時時刻刻挑戰「中心」的正統性與正當性。一個對專業誠實的文化研究者必須隨時準備跳出意識型態的框框，掙脫歷史傳統、慣性思考的束縛，用新鮮、大膽、批判的眼睛重新理解自己的文化。對「正統」，在接受的同時不能不持以最大的懷疑。

唐人傳奇裡頭有一個故事是使我心驚肉跳的，馮燕，說是遊俠好漢，當然也是個流氓。聽說市場有人爲錢爭吵，他趕去主持「正義」，把他認爲不對的人當場就給宰了。路邊看見一個漂亮的女人，就勾引了她，夜裡與她同眠。女子丈夫正巧歸來，馮燕急急躲避，女人用裙襬遮他。他的頭巾落在地上，在一把刀旁。女人把刀交給馮燕，暗示其殺夫；馮燕大概有幾秒鐘的考慮吧：他一刀將情婦的頭砍了下來。

女人的丈夫被當作凶手，要受刑時，馮燕挺身自首。結果不僅丈夫和馮燕都免刑，整個滑城得到大赦。英雄馮燕殺女救夫的「義行」在無數的民歌裡得到讚頌：「此君精爽知猶在，常與人間留炯戒」；「萬古三河風義在，青簡上，衆知名」；「燕殺不誼，白不辱，眞古豪矣！」

在這個故事裡，我們有馮燕的角度：他斃了一個對丈夫不忠的女人。我們有丈夫的角度：他被妻子背叛，而且受到莫大的冤枉。我們有官府和社會大衆的角度：淫婦受到了應得的懲罰，正義得以伸張。但是女人的角度在哪裡呢？丈夫經常毆妻，這個男人是否值得她忠實？馮燕愛她又殺她，難道不是對眞情的出賣？社會片面地擁抱男性英雄，難道不是徹底地蔑視了女性的基本人權？整個事件如果由女人來叙述，會變成什麼樣的事件？中國文化和歷史，如果把女性的視角認眞考慮進去——不只是把潘金蓮倒過來寫一寫——會不會黑的變白，白的變灰？

西方的「歷史之父」希羅多德在兩千五百年前，和莊子一樣，也思索過歷史和文化上多重角度的問題。在他的《希臘波斯戰爭史》裡湊巧有個希臘版本的馮燕傳奇。坎道列斯國王崇拜自己妻子的美艷，希望最信任的寵臣兼朋友巨吉斯也能目睹妻子美麗的裸體。巨吉斯不願意僭越，但國王堅持。經過安排，巨吉斯果眞窺視了皇后的身體。皇后發現了，認爲這是對她極嚴重的冒犯——顯然女人的裸體只能由一個男人享受。於是她交給巨吉斯一把匕首，要巨吉斯去殺了國王，否則就得自殺。

希臘的巨吉斯和中國的馮燕一樣，手裡拿著一把刀。楞在那兒考慮究竟該對誰忠實、對誰背叛。巨吉斯的決定是這樣的：他殺了國王，娶了皇后，掌了王位。史學家希羅多德說，巨吉斯「穩穩地統治了全國」，長達三十八年。

奇怪啊，相似的處境裡，希臘人和中國人反應如此不同?! 馮燕社會裡的所有的價值觀沒有一樣在巨吉斯的社會裡可以用得上。巨吉斯爲什麼不殺了皇后來維護男人與男人之間的道義呢？國王的屬民爲什麼不起來圍攻「姦夫淫婦」呢？皇后這個女人又憑什麼如此自信自負呢？

是不是我們整個歷史文化都可以換一個角度來重新敘述？

顯然希羅多德是這麼認爲的。他曾經舉過一個例子：「大流士王召集了一批希臘人到宮廷上，問他們，什麼代價可以使他們願意去吃自己父親的遺體；希臘人說，不可能，沒有任何代價能讓他們去做出如此可怕的勾當。同時，殿前有一批印度人，這個部落的印度人是以吃父輩遺體爲風俗的。大流士問他們，什麼代價可以使他們願意將父親的遺體火化（希臘人火化遺體）。印度人大驚失色：不可能，沒有任何代價能讓他們去做出如此可怕的勾當，想都別想。」

希羅多德的評語：「這個世界就是這麼回事。」語調冷峻而深邃，卻散發著歷史學家最大的魅力。

大流士時代的希臘人和印度人在時間的巨流裡，經過戰爭和遷徙、屠殺和聯姻，逐漸熔成了一個民族或者一個國家，就譬如漢民族的血液裡有數不清的異族因子。那麼究竟是把父親的遺體吃掉還是把父親的遺體用火燒掉才「應該」是正統呢？希羅多德的意思是，兩者有同樣的份量與權利，或者說，兩者的價值觀是一個——對父親要尊敬，只是表達尊敬的方式不同，但是任何一方都沒有權利獨霸正統而排斥另一方的表達方式。

詩人席慕蓉說，小時候學校裡教唱岳飛的〈滿江紅〉，每唱到「壯志飢餐胡虜肉，笑談渴飲匈奴血」，她都覺得坐立不安，心裡難受，她是個蒙古人，對歷史，自然有不同的角度，不同的感覺。

什麼是眞正的中國？什麼是眞正的中國文化？中國有一半是女人，她們對決定什麼是正統，什麼不是正統，有多大的發言權？中國有五十多個民族，我們認識其中多少個民族的感覺和角度？中國有百分之八十的農民，我們是否努力過以農民的視角爲視角而不把偶爾下鄉的知識份子的解釋接受爲唯一的解釋？中國的社會底層有數不清的民間宗教，包括各形各色的所謂「邪教」，在知識份子的文化論述裡，它們又佔了多少比例？所謂嚴肅文學和通俗文學，所謂經典和野狐禪，標準是誰定？在品味的形成過程裡，有多少「權力」以知識的面目出現？或者說，知識就是權力，但是權力與霸權之間是不是有一個界線？如果知識貴族當道，我們就看不見庶民，而當痞子做霸王時，知識價值就被踐踏，所謂文化正統只是版本不同的愚民手册——這樣的文化正統我們要它幹什麼？

像大流士王一樣吧，把一個飽學宿儒，一個背上繫著嬰兒的婦人，一個苗族老人，一個貴州農民，一個一貫道的信徒，一個殘障者，一個梁山泊的搶匪，一個台北的同性戀者，一個北京的政治犯集在一起，讓他們分別描述什麼是中國，什麼是中國文化，我們所得到的答案，可能距離我們今天所掛在嘴邊的「正統」很遠，很遠。這麼做，正統變成一個極端複雜的東西，可是比較接近眞相。問題當然在於，我們對於眞相在不在乎。不在乎眞相的民族，可以滿足於簡化的半眞半假的東西。

文化是一條滾滾大河，裡頭的主流、支流、逆流和漩渦彼此沖激撞擊才造成河流的面貌。只有一潭死水是沒有逆流的，只有死了的文化是沒有逆向思維的。中國文化是什麼我也許還不清楚，因爲它太多元、太豐富，但是我知道，它絕不是一潭死水。

尊重誰的文化差異

前言

這篇文章在四月二日由德文的法蘭克福匯報以全版特稿刊出。當天魏京生首次訪德，文章是我對這個「威武不能屈」的中國人表達的敬意。但是在牢裡還有許多我們不知姓名的人。刊出之後，歐洲讀者回響從巴黎到布拉格都有。許多歐洲人以爲人權爭議是東西文化之爭，符合杭亭頓的理論。這篇文章至少透露了一點：不是所有的中國人都贊成威權主義，不是所有的歐洲人都信仰自由主義。所謂文化差異已經不能夠沿著傳統文化區分的線條切割。看起來是甲文化與乙文化的差異，往往同時是甲文化或乙文化本身內部也有的重大分歧。做文化對比時不可不慎重。文章雖是與歐洲人的辯詰對話，或許對中文讀者也提供一個不同的視野。

在三、四月間聯合國的人權大會裡，歐洲聯盟不再和以往一樣對中國的人權狀況大加抨擊。理由是：狀況已有改善，譬如魏京生的釋放。我們當然都明白，魏京生的放逐不過是換了形式的刑罰，也許比囚禁還要殘酷。在中共的法律中，他仍是一個犯人，歐盟所給的理由如此牽強，我不得不想，除了歐洲人捨不下中國這巨大的商業市場之外，歐洲的政治人物是否已經開始接受北京政權一貫的說辭：「我們中國人和你們不一樣，所以別用你們的標準來批評我們。」

中國人不一樣

中國人究竟有多麼不一樣？加州學者張隆溪曾經用了一個例子：小說家波赫士爲了彰顯中國人的「不一樣」，說他在一部中國百科全書裡讀到中國人對「動物」是這樣進行分類的：

一、屬於天子的動物，二、經過防腐處理的動物，三、已經馴服的，四、乳豬，五、會尖叫的，六、寓言動物，七、無主的狗，八、屬於此類的……，十一、用駱駝細毛可畫出的，十二、以此類推，十三、打翻了水瓶的，十四、遠觀貌似蒼蠅的。

波赫士當然是天花亂墜，旨在嘲弄，但傅科卻正經八百地去解讀波赫士的玩笑。他說，中國人這樣「不一樣」的思維方式顯示出「在地球的另一端有一個文化，這個文化專注於空間秩序；對於事物的複雜性的理解，以我們的歸類思維方式，與他們是完全無法進行命名、討論、思考的。」

中國人的「非邏輯」思維在中國哲學家圈內也是一個爭論已久的題目；梁漱冥就曾經強調過中國人重玄學的直觀思維。但是波赫士的「百科全書」如此荒謬而竟有人上當，表示「中國人不一樣」這個認定在歐洲是如何的根深柢固。這種認定在歐洲的通俗文化裡也非常普遍。

德國南部有個旅遊景點，叫「歐洲樂園」，有「小義大利」、「小瑞士」、「小法國」等等。每個小國裡都有鮮花怒放的庭園、雅致的小橋流水。帶著民族風味的房子漆著明亮的色彩，童話中的公主和小矮人隨著甜美的音樂向遊客微笑、點頭。

樂園中唯一不屬於歐洲的國度叫做「巴塔維亞之屋」（巴塔維亞是雅加達舊稱）。這個亞洲小國嘛，就在一個烏七八黑的水流通道裡，陰森森的。遊客坐在小船上，看見的是頭戴斗笠、蓄山羊鬍的蠟製中國人、怪模怪樣的亭台樓閣；鱷魚埋伏水中，長蛇盤身樹幹對遊人絲絲吐信。失火的房子裡，一個黃種人強盜高舉著尖刀正追殺一個嘶喊的婦女。

「歐洲樂園」所推出的亞洲圖像使我想起英國作家德昆西的名著《一個鴉片鬼的懺悔》。

《懺悔》中當年最膾炙人口的段落是他對自己夢魘的描述。德昆西的夢魘有一個不斷重複浮現的主題：「屬於亞洲的種種最恐怖的酷刑和意象。」譬如「在中國或印度最常見的熱帶動物——飛禽猛獸、爬蟲、奇花異木」，都以最可怕的形象出現。鱷魚追咬不放，他逃進「一間中國房子裡，裡頭籐製桌椅的腳突然活起來；鱷魚那令人噁心的頭和邪惡的眼盯著我看。」當他的孩子將他吵醒，他看見孩子「天眞」的、「屬於人類」的臉龐時，不禁淚下。

「歐洲樂園」所反映的不過是德昆西對歐亞文化差異成見的翻版——歐洲是光明的、理性的、愉悅無邪而安全的，亞洲卻是陰森的、非理性的、神祕詭異而危險的。可嘆的是，從德昆西到「歐洲樂園」，人類已經走了一百五十年的時光！

歐洲人固執地繼續相信「中國人不一樣」當然有許多複雜的原因，其中之一可能是人們對異國風情有一種自然的嚮往；神祕而又危險的異國風情較之一般的異國風情又更有刺激性。沒有了陰森恐怖的「巴塔維亞之屋」，「歐洲樂園」豈不太無聊了？

兩極化的東西文化

中國人對西方人自然也有難以打破的成見。在義和團的年代，許許多多的中國農民深信傳教士會拐騙小孩，然後在教堂地窖裡挖出小孩的眼珠。到一百年後的今天，仍舊有不少人相信中國人和西方人從人性基本上就完全不同。一九九七年十一月的上海大報就刊了這麼一篇文章：

中國人深諳兵法，但崇尚和平；我們參戰是出於自衛，洋人則愛挑釁、好殺戮及侵略。

中國人出口他們認爲最好的東西；洋人出口最能獲利的東西。

中國人的疆界由民族融合而定；洋人疆界倚靠刺刀和馬靴。

中國人講義，洋人講利。

中國人教導子女知足；洋人教導子女要求更多。

黑白二分、簡化到這個程度的思考在這裡是無須討論的，但是同樣簡約制式的思考方式卻也同時是許多亞洲領袖津津樂道的所謂「亞洲價值」的基礎。在「亞洲價值」的架構裡，中國文化，一言以蔽之，就是一個群體文化，而西方文化，一言以蔽之，就是一個個人文化。人權觀念與個人主義是分不開的，因此它是西方所特有的財產，不屬中國傳統。結論就是：不能將現代西方的人權標準求諸中國。對中國要求人權的，若是中國人，就是賣國叛徒；若是西方人，就是殖民主義者。這種推論法不僅只是中國的民族主義者愛用，西方許多自詡進步的自由派知識份子——所謂「文化相對論者」，也堅持這樣的觀點。

這樣的觀點有兩個基本問題。首先，個人主義或者人權觀念屬不屬於中國傳統，和應不應該在中國推行人權絲毫沒有邏輯上的必然關係。馬克思主義顯然不屬於中國傳統，卻在中國運行了半個世紀之久。女人纏足顯然屬於中國傳統，卻被中國人摒棄了半個世紀以上。所謂傳統，不是固定的既成事實，而是不斷的突破發生。

第二個問題是，對文化的簡化就是對文化的扭曲。中國文化在時間上綿延三千多年，在空間上橫越高山大海，在組織上蘊涵數不清的民族，在思想上包容百家學說，還不去提種種巨大的外來影響，譬如佛教。「一言以蔽之」地斷言中國傳統中沒有個人主義，就是完全無視於儒家並列的種種思想流派，譬如極重個人自由解放的道家。即便是儒家思想本身，又何嘗不是一個充滿辯證質疑、不斷推翻重建的過程？

西方文化發展形成的複雜，同樣抗拒著任何「一言以蔽之」的簡化。你說個人主義或自由主義是西方文化的胎記？哪一個時期的西方文化？文藝復興前或文藝復興後？啓蒙運動前或啓蒙運動後？你說人權觀念屬於西方傳統？法國大革命前或法國大革命後？個人、自由、人權，在西方文化裡也是經過長期的辯證和實驗才發展出來的東西，不是他們「固有」的財產。

文化，根本沒有「固有」這回事。它絕不是一幅死的掛在牆上已完成的畫——油墨已乾，不容任何增添塗改。文化是一條活生生的、浩浩蕩蕩的大江大河，裡頭主流、支流、逆流、漩渦，甚至於決堤的暴漲，彼此不斷地激盪衝撞，不斷地形成新的河道景觀。文化一「固有」，就死了。

當然，把文化簡化、兩極化，是挺有用的。它能夠清楚地分出「非我族類」，而異我之分又滿足了人類天性需要的自我定位與安全感。對於統治者而言，它又是一個可以鞏固政權的便利工具。步驟一，他按照自己統治所需來定義什麼是「民族傳統」、「固有文化」。步驟二，將敵對的文化定義爲相反的另一極。步驟三，將他所定義的「民族傳統」、「固有文化」與「愛國」畫上等號。這麼一來，任何對他的統治有所質疑的人都成了「叛國者」，他可以輕易地鎮壓消滅，往往還得到人民的支持，以「愛國」之名。

代表誰的中國人？

文化多元主義的原則是很吸引人的：不同文化之間確實存在差異，而且我們必須尊重別人保持文化差異的意願。但是在我看來，問題癥結不在「尊重」文化差異，而在「認識」眞實的文化差異。好吧，「中國人說，人權觀念屬西方文化，不是中國傳統，所以不適用於中國」。在辯論適用不適用之前，有些根本的問題得先搞清楚。

是什麼「中國人」提出這種說辭？他們是統治者還是被統治者？是中國人的少數還是多數？如果是少數，他們有什麼代表性？如果是多數，他們持這樣的主張是基於什麼樣的歷史事實、什麼樣的哲學思考、什麼樣的動機、什麼樣的權利？

這些問題不先追究，我們何從知道他們所宣稱的「文化差異」是眞是僞？如果所謂文化差異根本不能成立，就不必再討論下去了；文化相對論者也無法置喙其中。假使文化差異是眞實的，這個時候，作爲一個西方人，他可以考慮究竟該如何看待這個差異，而謹記伏爾泰的名言：「尊重不一定是接受。」作爲一個中國人，尤其是一個認識到凡是傳統就得面臨變遷和挑戰的中國人，他很可能決定：這個文化傳統壓根兒不值得尊重，只值得推翻。誰也不會否認，一整部中國近代史就是一個中國傳統全盤重估的過程。

但是今天的中國現實又是怎麼回事呢？我們所面對的這個政權，它從來不曾允許過別人對歷史有不同的解釋；它摧毀中國傳統引進蘇聯的馬列主義；它爲了政治需要數十年不斷貶抑儒家思想，近數年來又爲了政治需要而鼓吹儒家思想；這個政權把與黨的意識型態有「差異」者關進監牢，又對想保持「差異」的台灣進行飛彈武力恫嚇。這樣一個政權企圖在世界上代表所有中國人說話，企圖向世界解釋什麼是中國文化傳統，並且要求國際尊重它的文化「差異」，一種由武力定義的文化「差異」。奇不奇怪？

托瑪斯曼流亡美國時，記者問他是否懷念德國文化，他答道：「我在哪裡，德國文化就在哪裡。」他的意思夠清楚了：假使硬要一個人來代表德語文化的話，那麼那一個人就是他托瑪斯曼而不是希特勒。告訴我，哪一個文化相對論者要「尊重」希特勒所宣稱的德國文化「差異」？當然，同一個德語文化培育了托瑪斯曼也培育了希特勒，但是全盤接受一個由統治者片面定義的文化差異而毫不批判置疑，在我看來不是盲目無知，就是對受壓迫者冷酷漠視。

人權觀念屬不屬於中國傳統？這個問題和中國人該不該享有現代人權毫不相干。但是在深入探究這個問題時，中國文化和西方文化的多樣性與複雜性就會較清晰地浮現出來，兩者都不能以簡化或兩極化來理解和對比。尊重文化差異，是的，然而必得是眞正的文化差異，而不是由統治者爲了權力需要所設計出來的僞差異，或者是爲了滿足觀光客而想像出來的「巴塔維亞之屋」一類的變形差異。

我個人並不擔憂異國風情和神祕感的消失，眞正的文化差異可以提供足夠的空間讓想像奔馳、好奇心深掘，而不冒扭曲的危險。扭曲一個文化固然可能點燃有趣的「創造性的誤解」，卻更可能導致毀滅性的仇恨。

一本書的背後

數字是能洩露祕密的。譬如說，在人口八千萬的德國有兩千一百零九家出版社（包括前東德的一百三十七家）。中國大陸有五百六十四家，台灣登記著五千多家，其中一年出版十本書以上的其實是五百六十五家。

一九九六年，德國出版了新書共七萬種，相近於中國大陸的六萬三千種和台灣的兩萬種。

德國有四千六百七十家書店，一九九六年總營業額是九十六億美元，相近於中國大陸的七十億美元和台灣的三十二億美元。

把小說和詩製成錄音帶或CD的有聲書，德國人放在汽車裡，一開車就聽一段。每年有三千萬美元的有聲書售出。

一家四口的家庭平均每月淨得工資是三千美元，其中三十七元花在書報上。男性中有四七%的人在過去的一年中買過書，女性卻有五六%。在工資較高的西德，一百個人中有二十二個人願意買一本價值超過二十美元的書，在東德，卻只有十三個人願意付這樣的高價。

德國的作家和台灣的作家一樣，靠寫作是不能謀生的。詩人出版詩集一般只印個五百冊、一千冊。散文和小說初版通常是五千冊；能賣到一萬冊的書，就可以稱得上是「暢銷」書了。

數字勾勒出一個輪廓，但是無法表現一個社會的實質。我的朋友克勞斯花了三年的時間寫成了一部《托瑪斯・曼傳記》。在最後定稿之前，出版社的責任編輯和他「閉關」到一個旅館中，七天七夜地重新閱稿。編輯本身是個專業的文學研究者，對作者的內容取捨、文字風格、章節編排等等提出全面批評，與作者推敲討論，最後才算定稿。

克勞斯的書總共有一萬多個注解。出版社派另一位編輯，負責將這一萬多個注解逐條檢驗：不只是檢查其中是否有漏失或誤植，還要翻找出每一條的出處，證明注解的翔實確切。編輯代表著出版社的信譽和品質，他必須保證這一萬多條注解不是作者有意杜撰或無心濫植的。

這家出版社還不是一個學術機構，只是一個面對大眾的出版社。克勞斯的《托瑪斯・曼傳記》也不是專業的學術著作，而是一本作家的主題書，兩千頁，面對一般讀者。

兩千家或者五百家出版社，只是數量罷了。出版社擁有什麼程度的編輯、如何對待它的作者、如何製作它的成品，是質量的問題，從數字裡可看不出來。

對自己要求嚴格而且時時在檢驗自己的德國人這幾年又開始憂心文學的前途了。暢銷小說全是美國作家的天下。德國作家是不是「嚴肅」過度、與讀者脫了節？評論家不斷在質問。而數字，又告訴人們文學的領域越來越小：

一九六三年，純文學書籍佔總書目的二〇・四％。

平裝本佔總數的六・七％。

平裝本中七三％是純文學書。

一九九三年，純文學書籍佔總書目的一三・八％。

平裝本佔總數的一六・五％。

平裝本中四四・九％是純文學書。

也就是說，在三十年中，純文學在整體比例中縮減了大約三〇％，幅度不可謂不小，難怪文化評論者痛心疾首：純文學不再有大眾，只有小眾、分眾了。

可是數字有撲朔迷離的面貌。純文學比例降低了，然而總數卻仍是增加的。一九六三年德國出版的純文學書是五二四二種，一九九三年卻是九三〇三種，人口當然還是那麼多。樂觀者可以說，雖然電視電影光碟電腦攫取了人們大量的時間與注意力，德國人閱讀的文學書竟然還較三十年前多了一倍，異哉。

我倒不驚訝；在這麼一個喜歡安靜、崇尚深沉的國度裡，文學啊，絕對死不了。德國人性格裡的認眞，在我看來，簡直就像豹皮上金黃的斑點，走到哪兒亮到哪兒；是擺脫不掉的胎記。深秋的一個夜晚，我去法蘭克福聽一場作品朗讀。晚上的節目嘛，不管是音樂會、電影或演講，兩小時也就結束了吧。可是這場文學作品朗讀會，使我終生難忘。在一個小小的畫廊裡，來了大約三十個觀衆，其中有幾個嬰兒像袋鼠一樣趴在年輕母親的胸上。該朗讀的作家、作家的翻譯者、作家的評論者，再加上主持人，可能還超過三十人。

朗讀從六點開始。八點，我覺得脖子酸了。九點，腿坐麻了。十點，吸收能力開始下降，聽得不知所云——但是我堅持著；我要看看這德國的文學愛好者，能耗到什麼時候！

十一點，我的頭不時垂下來，快要睡著了。十二點，教堂的鐘聲隱隱傳來，一個作家正在用他低沉單調的聲音念一段小說；我兩眼發直，頭昏腦脹。

淸晨一點，我逃離現場，心裡充滿恐怖感：愛文學可以愛到這種地步，饒了我吧！

他們究竟是幾點鐘散的，我當然不知道。

我住在一個一萬七千人口的小鎭上；這個小鎭有一個圖書館、三家書店、三個畫廊，還有一個表演廳。圖書館的書架是開放式的，隨人進出，免費借書。三家書店規模都不大，但是由於德國書商的電腦聯線系統，任何在書店當場找不到的書都可以在第二天快遞到書店；再小的書店，再遠的村子，再冷僻的書；二十四小時之內都可以買到手。目前有七十三萬種書可以購買，書名全在書店裡的電腦螢幕上。

在小鎮中心的表演廳每周節目不斷：話劇、舞蹈、音樂會……。作家朗誦更是不可少的活動。在這個崇智的社會裡，作家依舊有他特殊的光環。小鎮居民在買菜的路上看見作家的海報，於是折進書店買一本他的書——買不到就訂一本，明天再去取。那天晚上到了，他帶著那本書，在講廳前排坐下，專心地聆聽作者朗誦書裡的句子。他完全可以在家裡床上自己看那本書，但是他一定要來這裡看見作家的容貌、聽見他的聲音。最後，他也排到隊伍裡去，等作家在他的書頁上簽下名字。這本書，對他，似乎就有了特別的意義。

致命的星空

一

在黑沉沉的夜裡獨自驅車回家。風很大，枯葉從四面八方搖落，紛紛撲打著車窗，不及落地，又被吹得滿天飛舞。星星不知怎麼垂得那麼低，低到剛好綴滿了後視鏡兩側，使我兩眼迷離，不由自主要馳向那星光燦爛的深處。

無法繼續開車；這樣黑的秋夜這樣炫目的星空，會讓我車毀人亡。於是將車駛進公路邊的停車場，索性把星星看個夠再上路。停車場傍著樹林，落葉在風裡刺刺作響，冷肅荒涼。推開車門，像舞台燈光乍亮，驀然滿天繁星綻放，華麗了整個黑夜；一顆一顆搖搖欲墜，似乎隨時可以掉下來，滾進那幽暗甜美的山谷。

二

仰望星空，人立即覺悟自己的渺小。像莽莽地平線上一粒黑點，獨對穹蒼。黑夜的深邃沉寂使人心靜神凝，而星光的輝煌壯麗使人震動驚詫。宇宙的奧祕有最奢華艷麗的演出。想必也是在這樣無邊無際的星空照耀下，詩人激動不已：「隅隈多有，誰知其數？天何所沓？十二焉分？日月安屬？列星安陳？……自明及晦，所行幾里？夜光何德，死則又育？」只要有機會站立在星空下，只要在星空下立得夠久，人的腦子裡不得不充滿了天問吧？

三

伽利略在義大利的天空下仰望星星。他的眼睛穿透奢華艷麗的星光直逼宇宙奧祕。一六四〇年德國的湯若望，也是一個看星的人，把伽利略所看見的銀河介紹給中國人：「古人以天漢非星，不置諸列宿天之上也……今則不然，遠鏡既出，用以仰窺，明見爲無數小星。」同樣是星光燦爛，歐洲人看見的是「乃知木星旁有小星四，其行甚疾；土星旁有小星二，金星有上下弦等，皆前此所未聞。」

歐洲的天文學家來到十七世紀的中國，得知中國天文學之落後而感覺奇怪。發現行星運動三大定律的德國科學家開普勒聽說中國人在四年前就已經在天箭星座附近或者人馬星座尾端觀察到二至點，非常驚異，特別寫信請留駐中國的傳教士發掘更多中國的天文知識。萊布尼茨對中國人看星星的智慧也充滿期待。當他知道十七世紀的中國人其實對星星沒什麼認識時，他說，他們是不是因為要編撰一個完滿的天象故事，而無法對天體進行觀察？

那是一六八九年。其實，如果萊布尼茨知道湯若望是怎麼死的，他也許自己可以回答為什麼中國人無法對天體運行進行科學觀測。

四

一六四四年，湯若望被順治任命為欽天監監正，御前的首席天文學家。他從西方帶來的儀器和知識經由實驗證明了中國天文學的落後。順治對知識的尊重使得湯若望可以不行三拜九叩之禮直接奏呈皇帝。他的時憲曆取代了行之已久的大統曆和回回曆。

二十年之後，楊光先指控湯若望謀反，證據是湯氏用的明朝曆法為順治皇族帶來災禍。湯氏弟子南懷仁等人被判杖刑一百，驅逐出境。湯氏本人亦面臨凌遲酷刑。一場及時的地震使他倖免於死刑，但他已飽受折磨，不久就死去。

研究星球，在西方是科學，在中國卻屬於政治學。私自學習天文者在唐朝要處兩年徒刑，在宋朝是斬首罪。宋太宗曾經搜捕了三百五十一個天文學者，讓其中考試合格的六十八人為國家司文台工作，剩下的二百八十三人打成犯人，「黥面流海島」。湯若望為星星而喪生，不是意外，更不孤獨。

五

湯若望死後七十年，到了十八世紀，巴黎皇家科學院院長仍舊想知道為什麼在「中國那麼美麗的天空下」，早期天文學如此先進，而現在這門科學毫無進步？本身是科學家的巴多明神父提出許多看法：中國人「只顧眼前實在的利益，而不在乎天空中有什麼新發現的虛名」，此其一。中國的天文學家害怕發現新現象，因為天上任何新現象都有政治意義，可能招來殺身之禍。埃及和希臘的天文學家卻沒有這種顧慮，他們得到國家的保護和鼓勵，此其二。如果有一個欽天監積極進取，他馬上會成為眾矢之的，「眾人頑固地一致要求維持現狀。」此其三。欽天監內外都缺少競爭，此其四。「要在中國發展科學，不光是需要一個皇帝，」巴多明寫著，「而是需要好幾個皇帝鼓勵搞研究和付之實踐的人搞新發明。設立足夠的基金……解除數學家們的衣食之憂，使他們不致遭受那些不懂行、不會區分是疏忽還是操作錯誤，還是原則錯誤的人的指責。」

巴多明的批評寫在一七三五年。

在巴多明的時代，中國的欽天監其實用的都已經是歐洲傳教士了。但是我們看見，再過六十年，當馬戛爾尼率人馬來晉見乾隆時，乾隆的首席天文學家傳教士可憐兮兮地哀求英國使團把英國曆書給他們用；他們自己沒有足夠的天文知識，而法國鬧革命又斷了後繼的法國曆書。天文學家面臨著湯若望的命運。

即使換了歐洲人來作天文研究，改變了的不是中國的科學環境而是使歐洲人陷入與中國人同樣的處境。思想與科學，仍舊為政治、為天文、為習慣服務。

六

一九四八年，張君勱在武漢大學演講，題目是「吾國思想界的寂寞」，指摘當時思想界的沉寂麻木。他認為，政局雖亂，中國科學家卻仍然應該有所建樹，至少在思想上應該閃著火花。他的說法馬上遭到反駁。一位科學家譏諷地說，如果美國研究者也得每天清晨提著籃子，帶了身分證上街排隊買米的話，結果可能和中國一樣。「科學事業的選就和成功，是社會秩序進步和生活安定的自然結果，和火車必須在軌道上行走一樣」。沒有軌道，火車何從？

從巴多明到張君勱，這「社會秩序進步和生活安定」的軌道啊，磕磕碰碰了兩百年，輾轉到今天。

七

今天，十一月六日，被稱爲「當代英國哲學界眞正代表」的以撒・柏林死了。他寫過深刻動人的馬克思評傳、提倡過兩種自由的界定、對當代西方歷史做過最清醒的分析及批判。今天，我記得的，卻是他與伊朗學者亞罕的一小段對話：

亞罕：你認爲當今哲學家的任務是什麼？

柏林：我不認爲哲學家有什麼特別任務，哲學家的任務就是研究哲學……提出這一問題本身就是對哲學目的的一種誤解……就如同你問我當今藝術的任務是什麼，愛的作用是什麼一樣。藝術的目的就是藝術本身。同樣，愛的目的就是愛。生活的目的就是生活……

亞罕：那麼哲學的目的呢？

柏林：哲學的目的就是哲學。

八

仰望繁星萬點，人不能不覺悟自己的渺小，相對宇宙的無限；是對那宇宙的激動和探索使渺小的人進入無限。「日安不列，燭龍何照？羲和之未揚，若華何光？何所冬暖？何所夏寒？焉有石林？何獸能言？」星空下脫口而出的天問，是知識的開始。可是爲了天問而天問，才可能眞正認識星空吧，不管是透過詩的美學還是天文的科學。

給我一個小城

一

是一個蕭瑟的秋天，我決定出去走走。帶著一個破舊的行囊，到了法蘭克福火車站。火車站裡熙來攘往。年輕人歪坐在地上，背靠著塞得鼓鼓的登山背包；老年人小心地推著行李車；穿著深色西裝的男人們緊抓著手提箱和當天的經濟新聞報。二十個月台，數不清的可能的目的地：漢堡、柏林、維也納、布拉格、羅馬、巴黎、哥本哈根。有一列車正要開動，我急奔過去，攀上了車門。好極了，三個小時以後就下車，不管它停在哪裡。

坐定了才知道，這是開往柏林的列車。

三個小時之後，火車在一個小站停了下來。

我這樣發現了魏瑪。

二

一七七〇年的德國還是「春秋戰國」的時代；沒有所謂德國，只有三百個大大小小的公國，各有各的軍隊和法律，公爵和農奴，彼此還玩著遠交近攻的遊戲，戰亂連連。國與國間交通不方便，貨物來往得重重繳稅，連時間都各行其是。西方的法國和英國已經感覺到革命即將來臨的隱隱地震，講德語的這些小國家還在山坳裡繼續著保守的封建傳統。作物歉收時，成千上萬的人要死於饑荒。即使在平常的日子裡，半數的孩子活不到十歲。成人的平均壽命也不超過四十五歲。格林童話裡那麼多後母和孤兒的故事，不過是「貧賤夫妻百事哀」的時代反映。

閱讀人口不到總人口的百分之五。而為了對付這百分之五，統治者還得有各種控制手段。詩人舒巴特寫詩抨擊貴族的荒淫無度，被符騰堡的公爵驅逐出境，後來又誘他回國，囚禁了十年。席勒在符騰堡被禁止寫作，「亂邦不留」，只好逃到別邦去發表作品。歌德的《少年維特的煩惱》在萊比錫被稱為「毒草」而上了禁書名單。但是統治者對思想言論的箝制只是他權力的一小部分罷了；想想看，他還能夠將他的屬民賣給外國當砲灰，每戰死一個兵他可以賺得五六百塔勒。恩格斯描述當時的社會：「……政府的搜括，商業的不景氣……

一切都很糟糕，不滿情緒籠罩了全國。沒有教育……沒有出版自由，沒有社會輿論……一切都爛透了……。」在這樣黯淡的天空下，魏瑪小城，人口不過六千，究竟怎麼變成一束光，吸引聚集了德語文化的各邦菁英，使山坳裡的德語文學突然提升成氣勢磅礡的世界文學？七二年，維蘭德來到魏瑪，七五年，歌德來到魏瑪，七六年，赫爾德來到魏瑪，七九年，席勒來到魏瑪……。

維蘭德是洛可可文學的主要代表，出版了德國第一個重要文學雜誌《德意志信使》，寫出了德語文學史上第一部長篇啓蒙小說和第一個不押韻的詩劇，第一個大量翻譯了莎士比亞的作品，給德國文壇帶來極大震撼；他的翻譯直接影響了赫爾德、歌德、席勒的寫作。赫爾德可以說是狂飆突進文學運動的理論導師。他提倡對舊格律和舊形式的打破重來，讓形式去配合自由的思想；他主張任何偉大的世界文學都必須先植根於民族本土。作爲康德的學生，赫爾德承擔了啓蒙主義的理性，但是他對情感的強調和對古典主義的批判又醞釀了狂飆突進文學與浪漫主義的發芽。在史特拉斯堡時，一個修法律的學生每天來和他討論文學與思想；他對年輕歌德的影響是直接而明顯的。維蘭德和赫爾德都是德國文學史上承先啓後、舉足輕重的人物。

來到魏瑪的歌德才只二十六歲，一個有法學博士頭銜的暢銷小說作者。前一年才出版的《少年維特的煩惱》轟動了歐洲；義大利教會買了所有的譯本，放了把火成堆燒了。多愁善感的年輕人抱著書，穿著維特式的衣服，做出維特憂鬱的表情，去自殺。一七七五年攜至魏瑪的行囊裡，已經藏著浮士德的初稿，詩劇《普羅米修斯》和劇本《鐵手騎士》。歌德當然不會知道，他將在這個小城裡生活五十七年，歌哭於斯死於斯。而街上引車賣漿的老百姓和宮廷裡附庸風雅的貴族們，恐怕也沒認識到眼前這年輕作家將成為德語文化的火炬，將重寫德國文學史。

席勒逃離獨裁專制的符騰堡公國，成為流亡作家。分裂的「春秋戰國」狀態還眞是個幸福美好的時代，對作家而言。席勒離棄了一國，還有兩百多國同文同種的德語國家讓他擇枝而棲，待價而沽；如果碰上個中央集權大帝國，那可就無所逃於天地之間了。思考縝密的席勒在史學和美學上都有重要著作。七九年到了魏瑪，與比他長十歲的歌德開展了德國文學史上最燦爛的古典時期；一七九七年，兩個人都有劃時代的叙事長詩發表，使得這一年被文學史家稱為「叙事詩年」。

三

獨自坐在公園裡一張長椅上，展讀魏瑪史，陽光把晃動的樹影投在書頁上，搖花了我的眼睛。但是眞讓我眼花撩亂的可不是陽光啊！給我一個小城，給我一個年代，讓韓愈、劉勰、關漢卿、曹雪芹一塊兒發出光彩，我也要目眩神迷的，不是嗎？

一七七〇年的魏瑪公國，全國人口不過十萬，軍隊不過數百，還被後來的歌德裁軍裁了一半；突然變成了人文薈萃的中心，過程並不複雜。「成功的男人背後必有一個女人」，安娜·阿瑪麗雅嫁給魏瑪公爵時，將她對文學藝術的愛好也帶來了魏瑪。兒子少年時，她把維蘭德聘來做家庭教師，同時大力推動劇院、藝文沙龍和圖書館的建立。深受母親影響的卡爾王子執政後，第一件大事就是把歌德聘來，以一千二百塔勒的年薪、花園豪宅，還有完全的信任。如果一個戰死的士兵才值六百塔勒，歌德的薪資顯然是可觀的。緊接著歌德把赫爾德引進成爲宮廷牧師，把席勒找來發展劇院；思想的開放，人文氣息的濃厚，對文人藝術家的厚愛，使魏瑪小國成爲十八世紀德語世界的文化大國。

所以英雄是可以造時勢的。促成了德國文學史上最燦爛的一章的，是一個熱愛文學、尊重文化，而且胸襟開闊的封建貴族。有他沒有他，歷史就是不一樣。曹雪芹過了十幾年「舉家食粥酒常賒」的困頓不堪的日子，五十歲不到就潦倒地死在北京西郊一個山坳裡，「孤兒渺漠魂應逐，新婦飄零目豈瞑」。如果他有一個熱愛文學、尊重文化、胸襟開闊的統治者的支持，中國文學史是不是也可能多出特別燦爛的一章？

啊，對不起，我知道，在歷史裡說「如果」是件無聊透頂的事。曹雪芹的時代已經有它不容「如果」的史實：一七二四年禁市賣「淫詞小說」，禁喪殯時演戲；一七二八年郎坤因

《三國演義》而革職；一七三八年禁「淫詞小說」；一七五三年禁譯《水滸傳》和《西廂記》；一七六四年，禁五城戲園夜唱……曹雪芹只能死在他的淒涼荒村裡。雍正和乾隆寫的是一部不同的歷史。

可是那是君主專制的時代，一個個人可以決定歷史。那個人也許是英雄，也許是暴君。席勒在符騰堡因暴君壓迫而失語噤聲，在魏瑪則因英雄賞識而才華奔放。爲了避免人治的不穩定，二十世紀的我們終於走到了所謂法治的地步：從前的農奴、工匠、市民、學者，現在都成了「選民」，以投票來決定誰是自己的「統治者」。問題是，這個代表民意的總理或總統或總裁或主席，是否就更能保障思想的自由和文學藝術的發展呢？問題是，假設在一七七五年，卡爾公爵已被推翻，魏瑪要以公民投票來決定是否聘請歌德和席勒，投票的結果會是什麼呢？

四

經過巴哈的故居，經過歌德的圖書館，從他手植的一株來自中國的銀杏樹下穿過，經過托瑪斯曼和托爾斯泰住過的大象旅店，經過李斯特的舊宅，折向西北，沿著一條安靜的老街行約二十分鐘，找到鴻堡街三十六號，就是尼采故居了。他在一八九七年搬進這屋子，三年後在這兒去世，一個飽受痛苦，精神錯亂的天才。

庭院寂寂，一隻棕紅松鼠在大樹間跳躍穿梭。也許在尋找乾果。沒想到房子裡面比外面庭院更冷清。一個訪客都沒有，管理員百般無聊地坐在那兒，好像已成靜物陳設的一部分。歌德故居裡擠著一堆又一堆的學生和遊客，揚揚沸沸，解說員滔滔不絕；尼采你何以寂寞至此？

尼采的自述曾經讓我在寒夜孤燈下笑出聲來。在自述裡，他解釋「我爲什麼這樣智慧」，「我爲什麼這樣聰明」，「我爲什麼寫出了這樣的好書」，用一種狂妄的藝術姿態睥睨傳統社會，重估一切價值。我不能不愛他叛逆得徹底。他對自己民族的批判更是淋漓痛快……，「凡德國勢力所及之處，文化就會遭到摧毀……瓦格那在德國人中間純粹是個誤解，我也是這樣，並將永遠如此……首先得要有二百年的心理和藝術的訓練，我的日爾曼先生們！」尼采預言，有一天，人們會成立特別的講座去研究《查拉圖斯特拉如是說》，但是「今天還沒有人聽取，還沒有人懂得接受我的東西，這不僅是可以理解的，而且在我看來也是理所當然的。我不想被人誤解，因此，我也不要誤解自己。」

難道尼采，在他曠世的大寂寞中，早已知道他將如何地被他最蔑視的人所扭曲誤解？難道他早已知道他自己就是悲劇的誕生？

住進鴻堡街三十六號的尼采已經是個無法與人溝通的病人。白天他躺在沙發上睡覺；午夜，來探看他的好友卻聽見痛苦的喊叫，尼采在房裡用全身的力氣狂吼。第一個「誤解」尼采的是尼采的妹妹伊麗莎白。她掌握了所有的手稿和信件，按照自己的信念加以編撰，修改、重寫。很不幸的，伊麗莎白是個德意志種族沙文主義者，而且有著庸俗不堪的品味。這個女人把自己打扮成尼采的大祭司，接待來自世界各地的尼采崇拜者。有一天，屋裡觥籌交錯時，她還戲劇化地把一個布簾突然拉開，讓大家「瞻仰」坐在輪椅中形容憔悴，目光呆滯的病人。墨索里尼贈她以鮮花禮物，希特勒親自三度來訪；即將躍上權力舞台的納粹在尋找使其政權正統化的理論支柱，伊麗莎白熱切地提供了經她烹煮的美食，尼采的思想變成納粹的國學。鴻堡街三十六號成為一個文化殿堂。

一九四五年，改朝換代了。無產階級專政、人民至上的魏瑪把鴻堡街三十六號從地圖上塗掉，「法西斯」哲學家尼采成為禁忌。他的資料仍存在屋子裡，但在東德的歷史上，尼采已被政治的大橡皮擦整個擦掉。偶爾有外國學者來看檔案，計程車司機必須把每一個前往鴻堡街三十六號的乘客向安全部報告。

是整整半個世紀的遺忘，使那松鼠如此大膽自得，縱橫來去，彷彿牠才是這裡的主人。尼采死後一百年，前五十年被捧為官學，後五十年被貶為偽學。官學偽學當然都不是眞正的尼采。「首先得要有二百年的心理和藝術的訓練，我的日耳曼先生們！」尼采的黑色預言聽起來傲慢無比，卻準確地道出了歷史的眞相；歷史的眞相，或者說，歷史的沒有眞相，令人那熱愛文學、尊重文化、胸襟開闊的魏瑪，是死在誰的手裡？

黯然神傷。

五

希特勒和共產黨的權力都是人民大衆所賦予的，不是君權神授，爵位世襲。當人民大衆取代了封建貴族掌權的時候，文化，又怎麼樣呢？

一九一九年，名建築師葛羅皮雅斯在魏瑪成立了一個新的美術建築學院，叫做「Bauhaus」。Bauhaus的原意是建築工地上暫時設置的工作房，葛氏以工作房爲象徵，推出自己的藝術理念：「視覺藝術的終極目的在於建築。美化建築曾經是美術最重要的任務……，建築師、雕塑家、畫家，必須回到工匠的園地……，我們要創造一個嶄新的未來建築，在其中建築設計、雕刻、繪畫渾爲一體。」把美術從冰冷的畫廊裡帶出，帶進人的日常生活空間裡去，是葛氏的美術哲學。很少人料到，Bauhaus將影響整個二十世紀的西方美學和建築。

葛氏招了一批志同道合的藝術家來到魏瑪，最有名的包括Paul Klee和Kandinsky。頭四年裡，瑞士的Johannes Itten影響最大。他深受道家和禪宗的啓迪，崇尚美的訴諸直覺而排斥理性分析，並且以禪院裡師徒相授的方式教學，每堂課由打坐和音樂開始。Laszlo

Moholy-Nagy把結構主義的想法帶來，試圖結合藝術與現代科技。二十世紀最前衛的藝術實驗就在小城魏瑪展開。一支文化的利刃正磨淬它的鋒芒。

魏瑪的居民開始覺得不安；Bauhaus藝術家的穿著不符常規，他們的設計光怪陸離，事事背離傳統。魏瑪的父母們要恐嚇啼哭的孩子時就說：「再哭就把你送到Bauhaus去！」最致命的是，工作房的藝術家們不是民族主義者。一次大戰的慘敗，凡爾賽和約的恥辱，使二○年代初的德國人自信心盡失，自信心越低的民族越需要講民族自尊。Bauhaus裡充斥著外國藝術家，而且他們的藝術理念是世界性的，於是沒多久，魏瑪的大報上就出現了這樣的攻擊文字：「不以民族爲本位的藝術就是對祖國的謀殺。」發動攻擊的是魏瑪本地的作家和藝術家，挾著市民的支持。

在這裡，高漲的本土意識向Bauhaus的國際意識宣戰了。諷刺的是，反對先鋒藝術的人多半以文化傳統的衛道者自居，而他所捍衛的文化傳統就是歌德、席勒所代表的傳統。奇怪啊，席勒的作品裡有多少批判現狀，挑戰傳統的叛逆，歌德的思想裡有多少對寬闊的世界文學的嚮往，到了衛道者的手裡，全變成了死傳統，像泡在福馬林防腐劑裡的偉人屍體需要士兵的捍衛！唉，德國人與中國人怎麼這麼相似。

一九二五年，魏瑪已經成爲反猶排外的納粹黨的根據地；Bauhaus被迫解散。歌德的小城終於失去了最後一次發光的機會。

六

沒有光，只有濃煙滾滾，從大煙囪裡呼呼噴出，遮蓋了魏瑪的天空。

一九一九年，Bauhaus的藝術家選擇了魏瑪作爲他們美學的烏托邦，剛剛推翻了封建帝制的德國共和國——德國歷史上第一個共和國，也選擇了魏瑪召開國會，作爲民主的烏托邦；是爲「魏瑪共和國」。共和國的結局是悲慘的。在亂局中人心求治，強人一呼百諾，魏瑪支持納粹的比例特別高。一九三七年，納粹設置了一個集中營，殺人滅跡的煤氣爐、焚化爐，一應俱全；地點，又是魏瑪。

地面上屍橫遍野，天空裡濃煙滾滾。這是哲學家與詩人的國度，這是掙脫了封建桎梏，人民作了自己主人的時代。

我在二十世紀末見到魏瑪，一個安靜樸素的小城，商店裡賣著各形各色歌德和席勒的紀念品。沒有劍將出匣的隱隱光芒，沒有蠢蠢欲動的躁熱不安；看不出，它曾經撼動世界。

七

推翻了帝王貴族，我們得到獨裁者。推翻了獨裁者，我們得到大眾，同時得到最貼近大眾因此最平庸的文化品味。當年，如果要公民投票來決定歌德和席勒的去留，來決定瘋子尼采的命運，平庸主義恐怕是最後的勝利者；民主的傾向就是向平庸看齊、靠攏。但是，一個以平庸的標準爲標準的社會，能思索什麼，創造什麼？平庸主義以大眾之名對菁英異類的壓抑和符騰堡公爵對席勒的壓迫有什麼根本差異？

我痛惜那飽受糟蹋，百年孤寂的尼采，我遺憾Bauhaus藝術家的壯志未酬。也不在乎大聲地說，我對民粹精神非常疑懼，對平庸主義絕對反感。如果大眾的勝利意味著文化的失敗，這個勝利只能是虛假的，因爲，缺少思索和創造的社會絕對走向停滯；在一個停滯的社會裡，還有誰是勝利者呢？大眾只能擦亮前人的紀念品在黃昏裡過日子罷了。嚴復在翻譯穆勒的《論自由》時，說到他自己對自由的理解：「一不爲古人所欺，二不爲權勢所屈而已。」其實不只如此啊，嚴復，還得加上「三不爲群眾所惑」，才有眞正的獨立自由吧。

準備離開魏瑪，在旅店付賬的時候，掌櫃的告訴我：「那當然共產黨時代好囉！吃大鍋飯，沒有競爭，大家都是好朋友。現在呀，有了自由就沒有安全，這種自由太可怕了。」我抬頭仔細看看他，是的，日耳曼先生，請問往火車站和往尼采故居是不是同一條路？

有什麼副刊，就有什麼社會

一

常常聽見國內的評論家說，西方報紙沒有副刊。在這裡，英文又被當作西方唯一的語言了，因爲英文報紙確實沒有副刊，但是在德文報紙裡，副刊是一個非常重要的傳統，而在首屈一指的《法蘭克福匯報》（FAZ）裡，副刊更是自成一霸，舉足輕重。

副刊和正刊一樣，是獨立的一整疊，平常的日子裡每天有三四個全版和兩個半版。要了解德國的知識階層對什麼事情關心、有什麼樣的品位，《匯報》副刊是一個標幟。

抽出一九九七年七月十五日的副刊：首頁頭條是一篇文化評論，對魏瑪城的古跡維修加以批評。同樣大篇幅的是一篇藝術評論，討論巴黎蓬皮杜中心展出Leger作品，加上一張主題照片。另外兩篇短文，一篇討論恐怖片的翻新，一篇追悼一位剛去世的出版家。全版只有這四篇文章、兩張圖片。

第二頁總共有五篇文章：兩篇書評，一篇電視節日批評，一篇廣播節目介紹，一篇小說連載。幾個月來每天連載的是葡萄牙作家António Lobo Antunes的《異端審判者手記》。副刊編輯推測一九九七年的諾貝爾文學獎可能落在Antunes身上，有意在這段期間連載他的小說。

除了連載長篇小說之外，副刊也經常有詩的刊出。一首詩往往與那首詩的一篇短評並肩出現。所佔篇幅大約是一個全版的四分之一。如果台灣副刊上長篇連載是每天一千字的話，在德文《匯報》副刊上大約是每天四千字的小說內容。

兩篇散文出現在第三頁，附有插圖。為了抵抗暴力、吸毒、競爭、排外等等不健康的社會氣氛，有人在柏林組織了通宵達旦的「愛的大遊行」；上百萬的人走在柏林街頭歌頌愛，歡呼愛，要求愛。兩個散文作者表達對群衆激情的不以為然。一夜之間，動物園裡多了七十五萬噸的人尿，死了三千株灌木和幾百株樹，草地被數百萬隻腳踩扁了，土質扁了整整九厘米，草根無法呼吸而死亡，一時的浪漫激情換得的是自然的破壞。

另外兩篇長文分別是建築美學評論和戲劇評論。前者追溯一個十六世紀建築師的心路歷程，後者評介希臘悲劇《美狄亞》在斯圖加特劇院最新的公演。

第四頁全版只有三篇文章，分別評介土耳其的電影、科隆博物館展出的六〇年代美術、小城基辛格的文化藝術節。角落裡有一則文化消息，澳洲聲樂家得了維也納歌唱獎。

訃聞佔了第五頁的下面四分之一；在四分之三的版面上有兩篇文章：一篇從社會文化的角度討論巴勒斯坦與以色列的爭議，一篇評論歌劇。

第六、七頁都只有半版：評介一個攝影展、討論「網絡中的藝術與人生」，還有兩篇非虛構新書的批評。

二

相當於每天五個全版的副刊，基本上有三種內容：評論、創作、文化消息。評論佔了三分之二：文學批評、書評（分文學類和非文學類）、戲劇評論（舞台劇、歌劇）、藝評、影評、樂評、建築評、攝影評、博物館評……，加上對社會現象、大衆文化、政治事件、國際關係、歷史詮釋種種的社會批評。創作則以連載小說爲主，詩其次，散文又其次，而周日副刊必有一兩篇全版或半版的短篇小說，一次刊完。

一個全版只容四篇文章，可見文章篇幅之大、字數之多。文章又以評論爲主，可見議題之嚴肅、討論之深入。一個習慣了英國報紙風格的人，讀《法蘭福克匯報》副刊可能要大驚失色、落荒而逃；德文副刊硬得像塊大磚頭，可以將人砸死。相反的，《匯報》副刊讀者會覺得最嚴肅的英國報紙都太花稍、太浮淺、太主觀。

德國的評論者忌諱用「我」這個字。對一個事件發表批評，雖然是「我」的看法，也要以最客觀、最無我的筆觸寫出。所以德國報紙，尤其是《匯報》，沒有英國報紙上猖狂的專欄作家——談國家大事的文章裡可以以「昨天晚上我在廚房餵狗的時候」這樣的句子開頭。

德國人看重客觀的信實穩重，英國人欣賞主觀的個人魅力。

和台灣報紙副刊的輕薄短小正好相反，德國《匯報》副刊是長大厚重。

可是我還沒說完呢。《匯報》副刊除了每天的五六個全版之外，還出一年四次的文學特刊；一份特刊可能有五十頁全版。每個星期六有文學畫刊，前後六個全版，用昂貴的光面紙印刷。譬如一個全版就刊一篇長文：〈白鯨記及其插圖歷史〉，或者〈毛姆的再發現〉。一個星期一次，在正常的版面外再加上《人文科學》版，以兩三個全頁討論哲學、宗教、美學、文化方面較複雜的問題。

從輕薄短小的角度去看，長大厚重的《匯報》副刊簡直就是一份隨著日報每天刊出的高級人文雜誌。它沒有自由投稿，不是一般讀者甚至作者可以進入的園地。寫稿人有三種：副刊編輯、副刊駐外文化記者以及邀稿的名家。它高高在上，毫不羞赧、毫不抱歉地擺著菁英姿態。它在德國掌有決策權的中產階級讀者心目中的地位，像百年老店閃亮的銅牌，充滿權威。我每有一篇文章在《匯報》刊出，德國鄰居們會紛紛來電話恭喜，好像得了什麼文學獎似的。

我卻覺得《匯報》副刊有太多的日耳曼人的深刻，太少英國人的幽默；讀副刊得正襟危坐在書房裡，全神貫注地「做功課」，而不是邊喝咖啡邊吃煎蛋還穿著睡衣漫不經心地「看報紙」。作爲《匯報》副刊的作者之後就發現：嚴肅深刻的文章可以給《匯報》，輕鬆的、挑釁的、另類的，就必須給別家報紙。《匯報》副刊風格有點兒像德國哲學，讓人深到靈魂裡去而絕對笑不出來。

但我滿腹疑問：這樣菁英取向的副刊怎麼生存？爲什麼副刊讀者不因影視媒體的氾濫、電腦網絡的暴起而減少？爲什麼大衆的流行品位不威脅精緻品位的市場？

首先要發掘的其實是：什麼樣的文化機構能生產出如此豐厚扎實的副刊來？

三

副刊，佔《法蘭克福匯報》整整一層樓，有三十三位編輯、九位祕書、十五位副刊派出的專任駐外記者。在三十三位編輯中，十五位是博士。

每一個編輯其實都是作家兼執行編輯，獨當一面。與中文報紙副刊非常不同的是，每一個編輯都以寫作爲主；管建築美學的編輯也許是建築博士，專爲副刊寫建築評論；管視覺藝術的編輯也許是藝術史專家，就得常寫藝評。駐巴黎或南美洲的文化記者也許應編輯之請寫些當地的建築與藝術評論；有特別需要，編輯會請報社外的專家執筆。也就是說，三十三位編輯各有各的領域，在他的版面中，他能完全作主，既是組稿的主編，也是執筆的「撰述委員」或「資深作者」。

負責文學的有四個編輯。就個人的背景和專長，自然地形成四個領域，譬如英語和西班牙語世界的文學就由三十六歲的保羅・英根代負責，因爲他剛巧是英國和西班牙文學的博士，本身也寫文學批評和散文，在一九九七年還得了德國出版人協會給的年度最佳評論獎。我的文章以英文寫成，他就變成了我的編輯。在他的個人辦公室裡，我們一邊討論我未來的寫作計劃，一邊等墨西哥來的電話；他同時在向一個墨西哥作家邀稿。英根代一個人就可以全權決定一篇文章用或不用，不需和任何別的編輯討論。

「其他三個文學編輯也有這樣的權力，」保羅說，「基本上，大家對文學的鑑賞有一定的共識，也信任彼此的品位，所以從來沒發生過矛盾。有時候當我對一個作品不太肯定，需要別人意見的時候，我就會請他們也看一遍，爲了客觀。」

沒有總編輯，沒有主編，三十三個編輯——「撰述委員」、「執行編輯」——是三十三個山大王，各自獨立作業（當然有一位負責行政統合的所謂主管）。但是副刊的眞正獨立性還在於它與正刊的關係；它與正刊的關係就是：沒有關係。頭版社論有一個立場，副刊的評論很可能剛好是個相反的立場，而正刊沒有權力要求副刊「配合」。

這份獨立性來自哪裡？首先，《法蘭克福匯報》沒有一個報老闆，它屬於《法蘭克福匯報》基金會，除了報紙本身的利益之外沒有別的利益。掌有權力的是五個所謂「發行人」，各負責政治、經濟、文化等五個領域，而五個人權職平等，因此負責正刊的「發行人」不能領導負責文化副刊的「發行人」。

五個「發行人」是五個山大王，各自爲政。更關鍵的是，這五個人不是財閥，不是黨官，不是政客；他們是資深新聞記者或作家，享終身職。五人中有一人退休時，其他四人在全國新聞及文化界中尋訪最傑出的人才，四個人都同意了才能通過。這個職位像一個最高成就獎，對德國的新聞記者和文化評論作家是一份極高的榮譽與威望。

於是報紙的領導層全是資深報業專業人才，沒有外行領導內行的可能，也較少受個人立場、財團利益及政治勢力左右的危險。副刊的獨立性其實只是整份報紙的獨立性的一部分。

四

身爲德國最重要的日報，《法蘭克福匯報》的銷數只有四十萬份，在一個八千萬人口的國家裡，這四十萬讀者多數是大學程度以上的中產階級，平均年齡四十六歲，很明顯的是社會中掌有知識、決策權和影響力的讀者群。這個讀者群的知識有一定的累積，他的品位有一定的形成過程，他的年齡和閱歷有一定的成熟度，他比較不是一個追逐流行尋找刺激的讀者，說他保守可以，說他有深度也可以。

「事實上，」英根代說，「正因爲這個世界變得太厲害、太花稍、太凌亂，無處不變，我們堅持不變，反而成爲一種中流砥柱，文化的旗幟。我們副刊從來沒有考慮過降低品質或怎麼迎合大衆口味。我們有一定的讀者，而這些讀者對副刊要求很高。我們只有高標準，沒有低標準。」

一九八九年柏林圍牆垮掉之後，《滙報》副刊率先討論社會主義的前途問題，發表了一系列德國頂尖知識份子對這個問題的辯論與探討，充分發揮公共論壇的功能，爲社會提供前瞻的可能。

四十萬的「量」相當低，但它的「質」相當高，對社會的支配力及影響力因而極大。《滙報》副刊能夠以毫不羞赧、毫不抱歉的菁英高姿態存在，一方面固然是由於雄厚專精的編輯結構得以創造深刻嚴肅的文化副刊，一方面更因爲這個社會裡有四十萬人——四十萬有知識權、影響力的人——支持一個深刻嚴肅的文化副刊。兩者缺一不可。

再追問下去：爲什麼這個社會可以擁有一份獨立於財閥、報閥、政客、政黨的報紙？爲什麼一個報紙願意投下如此巨大的資金在副刊上——十五個駐外特派記者專職報導文化消息？爲什麼一個副刊對社會有如此大的影響？爲什麼副刊如此受到尊重？爲什麼這個社會永遠有四十萬人，不管時代怎麼變遷，不管後浪怎麼推翻前浪，永遠有四十萬人願意每天全神貫注地讀書評、藝評、影評、文化評論、文藝創作——四千字的小說連載、四分之一版面的詩和詩評？

五

台灣報紙的副刊一個接一個消失。還沒有消失的，承擔著市場壓力，而市場意指對最平庸、最流行的所謂大衆品位看齊。大陸的副刊在轉型經濟中面臨同樣的問題。關心副刊的文化人面有憂色：副刊沒落了。

副刊「沒落」了嗎？那表示副刊曾經「輝煌」過；可是我們仍舊記得副刊當年「輝煌」的重要原因：在沒有眞正新聞自由的時代裡，社會的焦灼以文學的面貌出現，寄身於副刊，使副刊超載地承擔了本不屬於它的種種任務，凝聚了整個社會的關注。

當那個時代過去，副刊卸下了過往政治所強加於它的種種異彩，回到它的本位，寧靜平淡下來，不再呼風喚雨，這，能叫「沒落」嗎？

我倒覺得是新階段的啓始。沒有大風大雨大災大難的社會本來就是一個「分衆」社會，我過我的橋、你走你的路。一個副刊能使全國矚目街談巷議的時代已過，它就只能尋找一個局部的分衆作爲它的讀者——四十萬、二十萬、五萬，而不是輝煌的英雄時代的一百萬！但別忘記，這是常態。

副刊在新階段中面臨的其實是重新自我定位的問題：它所呼喚的是什麼階層什麼年齡什麼品位和知識的讀者群，從而決定副刊的面貌。在一個多元的社會裡，應該會有各種風貌的副刊：雅的俗的、軟的硬的、俏皮的嚴肅的。唯一不可能的是一個「雅俗共賞」的副刊。雅與俗各有理直氣壯的生存權利，但若是爲了獲得最大量的讀者而將雅俗摻雜，只能使一個副刊非驢非馬，個性盡失，要嚇走不是雅就是俗的讀者。

可是無論是舊階段或新階段，副刊總是一個社會的文化指標。社會有多麼成熟深刻，副刊就有多麼成熟深刻。如果我們的副刊因爲堅持一種較深沉的人文素養，堅持對人生世事做較爲複雜的思考、嚴肅的探索，而失去讀者，而無法生存，那意味著我們還沒有那「四十萬」個中流砥柱，社會的文化體質還沒有成熟到我們期望的程度。

於是，唯一能做的只是等待？只靠等待的社會必是一個停滯不前的社會。副刊不只是一面反映文化的鏡子，更可以是、應該是文化的標竿，一大步跨在社會的前面。倒過來說，副刊有多麼成熟深刻，社會就有多麼成熟深刻。一個社會要從原有的軌跡上衝刺躍進，得依靠傑出腦力的激盪，刺激社會前進。副刊，可以是一個腦力激盪的磁場，迸發一個民族文化的最大潛能。
做不做而已。

暴君的紅唇

幾年前一位德國歷史學家在亞洲旅行，發現許多亞洲人對希特勒抱有好感。他舉例說，在北京，老工人會對他翹起拇指：「德國人聰明！希特勒行！」在台北，年輕人將納粹的標幟貼在拉風的摩托車上，西門町有納粹紀念品的專賣小店。歷史學家深深表示不解與駭異。

時不時我會在英美的報刊上讀到「亞洲人反猶」一類的報導。這樣的報導與德國歷史學家的亞洲經驗有不言而喻的關聯，而我，就不得不想起年幼時陳叔叔如何講希特勒的故事。

陳叔叔是個鄉下的警察。在他心目中，紀律是人生至高無上的價值，中國民族性裡的散漫則是中國衰落的根源。對闖紅燈的機車騎士他往往破口大罵之後再曉以國家大義。「你知道爲什麼德國的公路上秩序那麼好嗎？」他對我解釋：「要感謝希特勒。德國發明了公路以後，老有行人闖上去，被車撞死。但是這個問題希特勒六天就解決了。」

這個故事他已經講了三百遍了，但我還是得問：「希特勒怎麼解決這個問題？」

「他規定頭三天，任何行人闖進公路就當場槍斃。後三天，任何傷了行人的汽車駕駛就當場槍斃。所以六天以後就天下太平了。」

這個故事的教訓是什麼呢？第一，希特勒是個強人領袖。第二，混亂的社會應該施以嚴刑峻法。第三，不知紀律為何物的中國人應該效法德國。

許多年之後，我回頭去問陳叔叔，他的希特勒故事是從哪兒聽來的？他說，是他早年在警察學校受訓時從長官那兒學來的。那個長官對每一期受訓的警察都要講這個故事。反正德國就代表了紀律，而希特勒是紀律的化身，就這樣。

「那麼你知不知道希特勒殺了六百萬猶太人呢？」我問他。

老人帶點兒困惑地望著我，點點頭，是的，聽說過，但是，弄不清楚那是什麼意思。他一輩子沒見過一個猶太人——「猶太人究竟是黑人還是白人？長得像阿拉伯人還是印度人？」

六百萬的數字對他也顯得模糊抽象，於是我說：「你看，日本人在南京大屠殺裡殺了三十萬中國人，你是知道的。你自己不是最後一秒鐘才從下關逃走嗎？那個數目字的二十倍就是六百萬。」

老人想了一會兒，搖搖頭，嘆氣說：「太可怕了。那些政客實在太可怕了。」

陳叔叔是不是一個「反猶者」？

在一九九三年威尼斯的雙年藝術展中，中國藝術家展出一系列的毛澤東圖像——扭曲變形了的毛臉、上了口紅塗了眼線的毛臉、誇張醜怪的毛臉。這個展覽，我可一點兒也不欣賞。藝術家也許覺得，在被毛嘲弄了幾十年之後，現在終於輪到他們來嘲弄毛了。可是不管你怎麼畫毛澤東——正地畫反地畫、嚴肅地畫諷刺地畫、前現代地畫後現代地畫、結構地畫解構地畫——你仍舊畫的是毛澤東，你仍舊在他揮之不去的幽靈下創造，你還沒有解放。

而有一天，我去看一個德國朋友；他正在他美麗的客廳裡懸掛一幅畫。釘好之後，他往後倒退，想看看畫掛上了效果如何。

效果驚人；我在他身後尖叫失聲，把他嚇了一跳。掛在牆上的是一幅巨大的安笛渥荷的毛澤東像，毛的嘴唇呈桃紅色。

我對安笛渥荷的藝術理念沒什麼意見，見他畫中的人物讓我覺得背脊發涼。「你知道有多少中國人死在這個人手裡嗎？」相信我們的友情經得起考驗，我對他聲色俱厲：「三千萬人夠不夠多？你怎麼可能——」我簡直說不下去，「你怎麼可能把這個人的像掛在你家裡？」

我的歇斯底里使朋友措手不及，站在那兒發楞，一副無辜的樣子。他當然是無辜的。在六〇年代成長，他曾經高舉著《毛語錄》在柏林街頭遊行示威、曾經熱血奔騰地在群眾中高呼革命口號、曾經向保守的報社大樓丟擲石塊、曾經沒頭沒腦地合唱〈國際歌〉。毛的圖像屬於他少年輕狂的永恆的記憶，也許帶點憂傷地喚醒他青春期的理想主義，也許帶點嘲諷地爲他現在沉悶的中年下一個註腳。但是不管怎麼樣，對他而言，毛的圖像只是毛的圖像。

對我而言，毛的圖像把他的人活生生地帶到眼前來，具體、現實、手掌裡淌著人的鮮血。老天，怎麼樣才能讓這個德國朋友理解我的感受？「你願不願意把一幅希特勒的畫像掛在你客廳裡，不管他的嘴唇是不是塗成桃紅色？」我問他。

朋友沉默片刻。轉身將牆上的畫像取了下來。

但是有一種傷痛感藏在我心裡。每一次當我瞥見披著亂髮、穿著破舊牛仔褲的歐洲青年在柏林、倫敦、巴黎的火車站外散發傳單時，那個深藏的傷痛感就湧上來使我喉頭緊縮。那些傳單上往往有毛的圖像。

不同的是，我絕不會說我的德國朋友和那些散髮青年是「反華主義者」，當然也更不能同意任何人說鄉下警察陳叔叔是「反猶主義者」。歷史是一回事，歷史的詮釋是另一回事，隔著文化差異去詮釋他人歷史更需要洞燭幽微的敏感和對自己立場的懷疑。

道家哲學在兩千年前就說過經驗是難以傳遞的，現代詮釋學者，譬如海德格，也強調我們所有的詮釋都以自己先有的價值坐標爲基礎。想接近對歷史「眞相」的理解，必須對自己那先有的價值坐標不停地質疑，否則，任何論斷都是危險的。

本文原爲德文，在《法蘭克福匯報》FAZ刊出

感動，誰的商品？

我在我住的這個德國小村電影院裡看了《搶救大兵雷恩》。挺怪誕的，因爲電影裡，美國兵也講德語，德國兵當然更講德語。語言作爲敵我界線就不存在了。

故事的梗要：一個母親有四個兒子參戰。三個同時戰死，於是美國參謀總長下令無論如何要將身陷前線的第四個兒子安全撤回。電影呈現這個負責撤回雷恩的小隊如何英勇地完成任務，雖然犧牲慘烈。據說，電影是根據事實編寫的。

據說，這部片子「改寫」了二次大戰，據說，這部片子要問鼎奧斯卡金像獎，據說，這部片子所突出的個人價值光輝了人性。中國的評論者感嘆說，這樣的電影主題中國不會有，因爲中國人是不會把一個小小士兵，或者說一個農村裡的母親，看得那麼重要。

這樣的解讀不能說錯。作爲現代民主的發源地之一，美國的立國精神就是強調個人價值。民主，在許多人簡單的體會中，也不過意味著國家爲個人而存在，不是個人爲國家而存在。美國人自己津津樂道的所謂「美國夢」，傳播的訊息就是，在這裡，每一個小小的個人都有發揮自己的機會。實際上是否做到、做不做得到，是另一回事，但是維護個人尊嚴總是美國人對世界、對自己高舉的一面理想大旗。

但是我坐在黑暗的電影院裡，深深不安。

又是一部史匹柏的震撼傑作。他多麼懂得如何把現代科技的聲光電化用到極致；在《侏羅紀公園》裡，他讓你身歷其境似地看見恐龍嚼齧人體，肝腦塗地；在《搶救大兵雷恩》裡，他讓你忍不住要蒙上眼睛，不去看那被槍彈炸開的肚腸、生生撕裂的腿肉、噴上來的腥血、腐爛生蛆的傷口。他把戰爭的殘酷，用鏡頭放大，用音響加強，攤開在你面前。

是的，我被它震撼。但是，我不是一個天眞的觀者，我同時知道，這兒所呈現的一切都屬於「影視娛樂」。史匹柏製作了戰爭的驚怖效果如同他製作了恐龍吃人的驚怖效果，如同他製作了納粹毒殺猶太人的驚怖效果。我看到的是好萊塢電影公司製造的一個純粹的商品，就好像我擤鼻涕用「司各特」牌的衛生紙，護膚用「旁氏」冷霜，拖地板用「克拉克和甘柏」製造的清潔劑一樣。好萊塢、司各特、旁氏冷霜、克拉克和甘柏，都是跨國企業，產品無遠弗屆，巴黎市民和馬尼拉附近的農民都是消費者。擤鼻涕、擦冷霜、拖地板，我都可以用別人製造出來的東西，因爲衛生紙、冷霜、清潔劑，都是物質，我只求它有效，對付鼻涕、乾燥的皮膚、骯髒的地板。可是這樣一場電影——僅想博人一笑的喜劇片也就罷了——這樣一個試圖對戰爭、對人性、對歷史做出解釋的商品，這樣一個試圖對我的心靈和感情造成影響的商品，從史匹柏經過他的製片商、廣告商，經過他龐大的經營發行系統，到達我的眼前要我吸收接受，對不起，我充滿懷疑。

這個片子究竟表現了什麼？客觀的史實是二次大戰美軍對德軍的登陸戰事，但是作爲影片的接受者、消費者，我們是從美國人的眼睛望出去的。所以雖然是兩軍對峙，我們認識到的只是美國人的人性。你看，他們的袍澤愛多麼眞誠，他們在戰場上多麼英勇。在槍林彈雨中，我們看見兒子思念母親，丈夫懷想妻子。我們看見一個美國兵爲了一個小女孩而被德國狙擊手殺死，看見美國兵雖然極想爲袍澤復仇卻仍然放走了德國戰俘，多麼高尙的情操。每一個細節都在告訴我們：這每一個士兵都是劃破了手要流血的人子，值得疼愛，又都是爲國捐軀的英雄，值得尊敬。而所有的對人性的讚頌，夾在片頭片尾的飄揚著的美國國旗裡。啊，原來，到最後，一切的讚頌歸於國家。

如果我是個批判精神十足的美國人，我會爲其中的諷刺而光火——你到底歌頌的是個人價值還是國家至上？我不是美國人，感覺諷刺的是，你到底歌頌的是個人價值，還是美國人的個人價值？如果個人價值是普遍的人的價值，爲什麼我們看不見德國士兵在思念母親，在懷想妻子，爲什麼每一個德國士兵不是劃破了手要流血的人子、爲國捐軀的「英雄」？就人性的層面來說，德國的士兵是不是同樣在時代的悲劇裡被碾壓、被犧牲？侵略國的母親們是不是一樣爲她們的兒子哭泣，侵略國的孤兒們是不是一樣在暗夜裡喊冷？如果我們講的不是歷史罪責和是非，如果我們講的是人性，侵略國和被害國裡頭的人，個人，是不是同樣的值得疼愛和尊敬，值得唾棄和鄙視？他們的人性和價值，會因爲屬錯了邊，而不同嗎？

步出戲院，同去的德國朋友悠悠說，「如果不是因爲德國是侵略國，不敢把自己拍成英雄，否則德國人一定也會拍出這樣的片子來！」我們相視而笑。

《搶救大兵雷恩》的視角是片面的，它的關懷是限於國界內的，因此在我的眼中，它不過又是一部製作精細的美國愛國主義宣傳片。它也許會使許多美國觀衆熱淚盈眶，卻使我這樣的觀者坐立不安：美國的文化，美國的價值觀，美國的自我感覺和世界觀，就藉由這樣的商品媒介向全球灌輸。有一天，人們不只用「司各特」面紙擤鼻涕，用旁氏冷霜擦臉，用「克拉克和甘柏」清潔劑拖地，人們也一致地爲美國人的信仰而悲憤或激動，這是不是全球化的不可避免的遠景呢？

輯二

歷史裡的人

你是否看見歷史裡的「人」？

——對李登輝史觀的質疑

李登輝在今年一月接受了日本作家深田佑介的專訪（一月三十一日《自由時報》），專訪全文刊在文藝春秋社出版的政論月刊《諸君》二月號。李登輝是日本媒體的寵兒，談話廣受日本讀者注意。而身爲中華民國的總統，他的言論不可避免地被視爲代表台灣人民的聲音。深田佑介說，有些日本評論家稱李登輝爲「哲人政治家」，對他推崇備至。不論是「哲人」還是「政治家」，前瞻的能力是一個必要條件，而前瞻的能力植根於對歷史的深刻的認識。李登輝在訪談中提出的史觀，既涉及中國人的過去，也論及台灣人的未來。台灣正處在一個摸索著尋找自我的歷史關鍵——與中國大陸、與日本的關係如何界定，對於重新翻出的歷史如何做出價值判斷，做出的判斷又將如何影響自己未來的定位和格局，都是茲事體大的考慮。以李登輝的政治強勢，他個人的想法很可能就把一個社會推向某一個特定的方向，儘管那個方向不見得是正確的方向。對他的史觀提出質疑，我認爲，是一個公民不得不盡的義務。

深田：去年十一月江澤民訪問日本時，猛烈地抨擊過去日本對中國的侵略，有關日本的「過去」，並且要日本「認識歷史」，在所到之處一共說了十一次，反而造成日本人的反感，我認爲現在正是加強日台友好關係的最佳機會，因此特別來傾聽總統的看法。

李總統：五十年前的舊事沒有必要反覆重提。我倒覺得在認識歷史上，江澤民比日本更有問題。爲什麼呢？日本在戰後五十年間遵守和平憲法建設民主國家，很努力地向亞洲擴散和平民主主義，對這點不加以正視而不斷地反覆提舊事，絕非正確的歷史認識。

……外面說是因爲江澤民小時候親戚被日軍殺害，而且他被強迫學習日語，身爲國家領導人，以個人的恩怨和經歷對日本的過去加以斷罪，是很危險的。如果要說「過去」，五十年前和五百年前都是一樣的……

……台灣本來有原住民，然後有爲了追求自由而由中國大陸來的，就是我們這些台灣人，我們的祖先在四百年前因逃避明朝的暴政而來到台灣，現在我們所稱「外省人」，也是在五十年前因逃避共產黨而到台灣的。最重要的是到台灣的這些人不是來台灣做統治者，而是要一直有建設新國家的精神，來建築我們的社會，追求自由和民主……

舊事不必重提？

江澤民要求日本為戰爭侵略向中國人民道歉，李登輝把這個舉動稱為江澤民的「個人恩怨」。日本的侵略造成三千多萬個中國老百姓的死亡，在那三千多萬個死者身後還有數目更大的妻離子散、家破人亡。這樣深沉巨大、史無前例的人類災難被輕蔑地貶為「個人恩怨」，實在令人駭異。以色列總理要求德國人道歉，或者波蘭總統要求蘇聯人道歉，我們都體認到：在每一個「要求」背後有多少慘痛的犧牲得不到彌補和安慰。對這樣的慘痛，我們只能垂首肅穆。李登輝是個學識廣博的人，他會以如此輕浮的態度來看待中日歷史，不會是由於缺乏知識，而有更深沉的歷史因素。

至於「五十年前的舊事沒有必要反覆重提」，這所謂「沒有必要」，究竟是因為「舊事」已經經過徹底的爬梳整理，歷史的責任與是非已經交代清楚，還是因為舊事重提可能傷害到眼前的政治權宜？為什麼「沒有必要」？

非常湊巧，二月份西方世界最引人注目的重大新聞之一正是五十年前的舊事重提：德國財團企業界開始對二次大戰中強徵的奴工進行賠償。從五〇年代以來，德國政府已經對受過納粹迫害的個人付出了大約七百億美元的賠償金，但是德國企業，當年獲利於強徵奴工的勞力，卻儼然置身事外。近一千萬名來自各國的奴工曾經在極不人道的情況下爲德國的武器工廠、機械和汽車工廠夜以繼日地免費勞動；這些人絕大多數來自東歐國家，戰後又受到東西冷戰的懲罰，得不到任何補償。五十年過去了，奴工凋零殆盡，爲他們爭取權益的律師和人權組織終於有了突破。

去年夏天，德國大衆汽車公司（VW）在二十多個國家刊登全版廣告，通知當年的奴工前來申請賠償；大衆公司設立了一個兩千萬馬克的賠償基金準備發放。一方面想免於訴訟，一方面想對歷史的債做最後的結算，德國政府集結了當年曾剝削過奴工的各大企業，籌足大約二十億美元作爲賠償金，預備在九九年九月一日正式執行賠償。所有的行政環節都以最速件打通處理，因爲倖存的奴工皆已老邁，去日無多；訂在九月一日則因爲在六十年前的九月一日，德軍侵入波蘭，掀起了二次大戰。選擇這樣的日子進行賠償，德國人再度向受侵略的民族表示他們的道歉和對歷史的擔當。

在歐洲，顯然不管是侵略者還是被害者都認爲「舊事重提」不但必要，而且迫切地必要。歷史的罪責與是非不僅只是抽象空洞的哲學概念，它可以落實到有血有肉的個人身上。侵略者不但要對受害人道歉，還要對他做實質的補償；不但要做實質的補償，還要趕在受害人有生之年完成補償。舊事的重提，歷史的清理，必要，而且迫切。正義如果有任何意義，就得趕在這一整代人含冤死亡之前得到實現。所以五十年前和五百年前是不一樣的：五十年前造成的傷害，人們還有道歉和彌補的機會，歷史仍是活生生跳動著的此刻，良心逼著你正視它。

花岡事件

歐洲的奴工重新發出聲音不能不讓人想起花岡事件。

大戰爆發，日本的企業馬上感覺到人力資源的嚴重缺乏，於是與日本軍部取得默契：軍部從佔領國家強徵奴工交予企業，企業以金錢回饋。日本從中國運來大約四萬多名奴工——多數是在東北擄來的俘虜和莊稼農民。在花岡的中國奴工為DOWA礦業公司下的鹿島組做最艱辛危險的地下採礦粗工。借用荷蘭歷史學者 Ian Buruma 的敘述：

> 中國奴工們即使在嚴寒飄雪的季節，仍舊穿著一襲單衣，在地下的礦坑中挖掘堅硬的石塊，或是站在水深及腰、幾將冰凍的河溝中疏濬污泥；而他們每天所賴以維生的，僅是一顆即將腐爛的蘋果當作中飯，以及一碗稀飯當晚餐。

一九四五年七月三十日，大約八百名中國奴工因為不堪虐待，集體逃亡，藏身在附近的山區。日本警方號召居民出來獵捕奴工；日本居民遂個個手持刀棍，圍捕奴工。

這些瘦骨嶙峋的奴工，本來就營養不良，再加上對當地環境不熟悉，絕大部分都在很短時間內被追捕回來。他們陸續被押到小鎮廣場上，一一強迫脫去了僅存內褲的襤褸衣衫，五花大綁地將雙手捆於背後……他們在如此又餓又渴的情形之下，在現場罰坐了三天三夜，當場就有五十餘人暈死過去；他們無糧無水，聽說有不少的犯人相互飲用彼此的尿水維生，真是駭人聽聞、最爲殘酷的暴行。

悠悠五十年，這些中國奴工得到什麼樣的補償？

一九四五年九月，倖存的花岡奴工被當地的秋田郡地方法院以危害地方治安的罪名判以「無期徒刑」，終身監禁。後來被盟軍解放。

一九四八年，鹿島組的八名主管受軍事審判，坐了八年監牢之後釋放。其中之一叫岸信介，做了日本首相。鹿島組一轉身變成鹿島建設，日本首屈一指的重工業財團，戰後在中國大量承包工程，成爲中國市場的大投資家。

一九七二年，周恩來與日本簽訂中日和約，放棄所有對日本索賠權利。

中國的奴工——當然還有韓國的、澳洲、美國、英國的戰俘奴工，在東方的歷史洪流裡，人，像蟲子一樣被沖進遺忘的黑暗中，轉瞬不見踪影，連喊叫的聲音都發不出。他們只能在風燭殘年的破碎的夢裡看見：有一天，鹿島建設在世界各國刊登全版廣告，請當年的奴工前來索取賠償，日期選在七月七日，因爲在六十二年前的這一天，日本士兵的皮靴與刺刀跨上了盧溝橋。

這一天還很遙遠；由於許多極其複雜的文化以及政治因素，日本人對歷史的認識還沒有走到這一步，他們還需要時間。白髮蒼蒼的慰安婦現在四處奔走，就是爲了在死前能見到正義的實現，但是在日本人有一天終於有能力面對歷史的時候，那千百萬的受害者已經化爲無聲無息的塵土。

舊事怎麼能不反覆重提呢？就是日本境內也有不少諤諤之士，譬如大江健三郎就在一九九〇年法蘭克福書展上猛烈抨擊過日本對歷史罪責的自欺心態，稱日本人爲最缺乏反省能力的「種族主義者」。江澤民訪日，身上背負著最沉重的債券，怎麼還也還不完的人性債券；李登輝有什麼權利、什麼立場，說，「舊事沒有必要反覆重提」？

如果人性價値也必須劃分疆界，中國人的死難都只是他江澤民的事，與李登輝毫不相干；好的，那麼，從一九三七年到一九四五年總共有二十萬七千多個台灣青年被徵調投入戰爭。其中將近六萬人或戰死、或失踪，爲日本天皇做了砲灰。還有那受了皇民思想號召而肆行屠殺，戰後被當作國際戰犯而處死刑的二十六人，處十年以上徒刑的一百四十七人。這些台灣人的犧牲——日本表示過歉意嗎？對台灣的慰安婦，日本表示過歉意嗎？更何況，在今天的所謂「台灣人」裡，畢竟有百分之十幾二十的外省人在大陸親身面對過日軍的刺刀，李登輝可曾考慮過他們的情感和創傷？誰對他們道過歉？即使吝嗇地只談「台灣人」，李登輝，身爲總統，又哪裡有權利、有立場，去對至今不認錯的日本說，「舊事沒有必要重提」？

台灣人的面對歷史

我不認爲李登輝有失立場的談話是他有意取悅於日本媒體。他曾經公開批評過李光耀所鼓吹的「亞洲價值」而強調他信仰普遍的自由和人權。但是他對中國共產黨政權的憎惡、他對日本的源遠流長的好感，以及海峽兩岸的緊張對峙關係，扭曲了他對普遍人權的判斷。

李登輝說江澤民比日本人「更有問題」。是的，江澤民代表的是一個對自己人民開槍的政權，這個政權統治中國五十年，手上所沾中國人的血可能比日本人還要濃腥。但是，甲殺了人，不能說因爲「乙也殺了人」或「乙殺了更多的人」而使甲的罪行得到豁免。這個邏輯是荒唐的。中國共產黨有一天也必得站上歷史的審判台接受審判，但是共產黨再不義也不能拿來爲日本的不義作辯護。

李登輝說，日本「在戰後五十年間遵守和平憲法建設民主國家」，因此「過去」不必再談。這個邏輯也是奇怪的。就被害者而言，日本今天貧或富，獨裁或民主，對已經造成的傷害有什麼影響？就日本人自己而言，正因為日本是一個民主國家，它更有理由誠實而勇敢地面對陰暗的過去。戰後的德國難道不是一個「遵守和平憲法的民主國家」，為什麼在那裡，「過去」的討論和整理如此重要？

對日本的好感是李登輝這一整代人的歷史情愫。以中國民族主義為出發點的人很容易對這種情愫義正辭嚴地口誅筆伐，而這樣單向思維的批判很可能是錯置的。就如同在今天的香港有許多人對英國殖民所帶來的體制和文化認同超過對自己民族——中國——的認同，李登輝這一代人對日本的認同也有它的「正當性」，必須放在時代的背景中去理解和尊重。問題的癥結在於：認同日本的什麼？大江健三郎、東史郎、家永三郎都是日本人，卻對日本政府和主流社會處理歷史的態度絕不苟同。這些人代表了日本文化中最珍貴的良心和勇氣。曾經是日本國民的台灣人，譬如李登輝，是否在模糊的、浪漫的日本情愫之外，認眞地思索過更深刻的問題：

在侵略戰爭的大浩劫中，屬於日本國的台灣人究竟是純粹的被害者還是身不由己的迫害者，或者兩者都是？界線怎麼劃分？如果民族主義的立場被拋棄，那麼他是否通得過「人」的立場的檢驗？對於自己，他是否能在日本人的歷史罪責裡看見自己的角色？對日本的歷史，他又是否能撇開自己的情感糾纏，作客觀的評斷？

這些問題，九〇年代以來紛紛在歐洲各國浮出。法國、比利時、荷蘭，長久以來把自己描繪成被德國壓迫的無罪的羔羊同時又是抵抗侵略的勇敢的英雄。歷史學家現在把材料徹底翻出來，讓人們看見：羔羊英雄只是事實的一面，另一面是和侵略者權勢結合、狼狽爲奸的懦弱與卑下。

把歷史的石頭翻開，露出長久不經日照的蟲豸，不是爲了族群間的政治清算，而是爲了更了解自己的存在地位。尤其台灣人正在尋找全新的未來航程，釐清自己的過去是不可或缺的羅盤。

李登輝公開說自己在二十二歲以前是日本國民，被民族主義者視爲大逆不道，我認爲是後者的立場偏執。但是李登輝對日本主流價值的全盤接受——全盤到罔顧歷史、罔顧正義的程度，我覺得非常可憂。如果他是一般學者，談話代表他個人，也就罷了，偏偏他是中華民國總統，在外代表全部台灣人說話，而所說的話比日本右翼還要右翼，實在使我這個台灣國民惴惴不安。

不是民族主義，是人權主義

我相信日本的過去是必須深掘、必須探究、不可遺忘的，而這個立場，不是因爲我是中國人台灣人，屬於被侵略被殖民的族群，因此尋求報復、洩憤。有這個立場，是因爲，作爲一個人類的一份子，希冀看見和平的實現，而二十世紀兩次大戰給了我們一個極重要的教訓：如果歷史的是非曲直、怨怒疑忌不經過梳理就被草草掩蓋，它就變成一個數著秒鐘的定時炸彈，踢踢踏踏走向爆發。沒有對歷史的共識就沒有和平的基礎，而共識的達成唯有透過對「過去」的鍥而不捨的深掘與追究。最有責任研究日本過去的應該是日本本身的器識宏大的知識份子，就如同對文革史絕不放鬆的應該是中國本身的知識先進，因爲最深的批判來自最深的關切。令人憂心的是，中國與日本讓眼前的政治權宜將歷史的傷口暫時遮住，但是傷口在暗地裡潰爛惡化，有一天，傷者，或那自視受到不公待遇的，又以復仇者的猙獰面目再起。這樣的惡性循環，難道是日本人、中國人、台灣人所樂於見到的嗎？爲了避免這樣可怕的前景而要求德國或日本切實地面對歷史，不是「哪國人」的立場，是「人」的立場。

要求日本道歉，因此不是一個狹隘的民族主義的問題，而是一個普遍的歷史罪責的問題。江澤民本人是否有這樣的認識，很值得懷疑。毛澤東和周恩來與日本人簽約時，從不曾問過老百姓的意願。但是那死於戰亂的三千萬人、那飽受凌虐的奴工和慰安婦，有權利要求精神與物質的彌補，只因爲他們是「人」就足夠的理直氣壯，與民族主義扯不上關係，與人權主義卻大有關係。李登輝對人權價值的尊重我相信是眞誠的，但是在他反中共和親日本的架構裡，人權價值卻不自覺地被壓縮得看不見了，三千萬人的犧牲變成「個人恩怨」，未經整理的重大歷史變成「不必再提」的舊事。

不，就是對距離我們極遙遠的盧安達或科索沃或阿富汗的屠殺，我們都不忍，也沒有權利這麼說的。

「新台灣人」來自「舊台灣人」

深田佑介的問題充滿投機主義的惡味——趁著中國與日本爲歷史罪責起矛盾的時候，趕快發展台日關係！李登輝的回答也果眞與他一拍即合。不能不問的是，建築在這樣一個基礎的台日關係，能爲台灣帶來什麼利益？機會主義的結合能持久嗎？或者說，以扭曲歷史、蔑視人權爲基礎建立起來的政治關係，是我們台灣人所渴望的嗎？

我不同意。

就如同我不能同意李登輝所描繪的美麗的台灣人圖像是符合歷史的。在他的描繪下，台灣人就是一個追求自由民主的族群。哪有這回事呢？李登輝說四百年前來的台灣人是爲了「逃避明朝的暴政」而來到台灣，但是鄭成功的旗子上不是明明寫著「永明」嗎？「到台灣的這些人不是來台灣做統治者」的，李登輝說，但是他怎麼解釋來台的漢人是如何壓迫原住民的？五十年前的「外省人」是逃避共產黨而來，但是他們來了之後就建立了自由民主嗎？

台灣人受日本統治五十年，受國民黨高壓控制五十年，現在又受共產黨的武力威脅，在自我意識上就逐漸投射成一個羔羊似的被壓迫者，而羔羊在道德上都是純潔無疵的。這眞是一個美麗的自我圖像，但是，我們既然要求別人正視歷史，自己又何能例外。四百年來的台灣人既是羔羊，也是惡狼，被別人壓迫過，也壓迫過別人。對自由民主的認識絕不是台灣人的天生麗質，高人一等，而是經過不斷的墮落和奮起才獲得一點淺淺的成就。這點成就我們可以珍惜，但是不必把它誇大成一個一以貫之的台灣人傳統。

解嚴十二年來，台灣一步一步在遠離老國民黨時代的中國意識，發展出以自己爲主體的台灣意識。李登輝的史觀標誌著十二年的距離：十二年前，台灣的「中國人」和大陸人一樣談日本人的「血債」。黃春明的《莎喲娜啦‧再見》對死不道歉的日本充滿義憤，是那個時期的經典作品。到了一九九九年，台灣總統對日本人公開說，要日本人對侵略戰爭道歉是江澤民的「個人恩怨」，日本現在是和平主義的使者，中國反覆對日本提起過去「絕非正確的歷史認識」。這個距離實在是驚人的。

這樣的史觀，就是李登輝所鼓吹的所謂「新台灣人」的史觀嗎？我看見其中蘊藏著非常大的危險。我想我們之所以反對中共政權，是因爲這個政權與我們所信仰的人權價值有嚴重牴觸；信仰人權價值是因，反對共產政權是果。但是如果說，爲了與中共爭取政治資源，爲了與中國意識割離以凸顯台灣意識，而把歷史扭曲，而把人的災難渺小化、兒戲化——因爲這些人恰巧是「中國」人；也就是說，反共倒果爲因，成了最高指導原則，台灣人豈不是在一九九九年又退回到意識型態僵化的一九四九年，只是蔣介石版的教條換成了李登輝版的教條？不以人權價值爲基礎的台灣意識值不值得我們追求？我們可不可以讓反中共的目標無限放大，大到使我們對更普遍的恆久價值變得盲目？

「新台灣人」不是從石頭裡蹦出來的猴子，他必定得從「舊台灣人」蛻化而來，帶著他所有的歷史，所有的回憶，所有溫存的情感。對這些千絲萬縷的歷史回憶和情感，他必須沉思，梳理，衡量，選擇；每一番沉思梳理，每一個衡量選擇，都一點一點決定了他未來的面貌。「新台灣人」最後的成熟——不論他屬於哪一個族群，一定是在他給自己的歷史記憶和情感重新找到了安身之處以後，絕不在於把自己的過去粗暴地斬斷。而每一個族群的歷史記憶和情感，在台灣人重新凝聚的過程中，都是必須受到尊重的。

一九九九年三月一日

丁遠超：學者不應關在象牙塔中思維！

陶令瑜

「李總統希望大家不要反覆地提舊事，用意是希望大家向前看，以前瞻、積極而健康的態度面對未來，絕對不是不重視人權，或是站在日本人的立場來看問題。」對於旅德作家龍應台質疑李登輝總統的史觀，總統府公共事務室副主任丁遠超做了這樣的澄清。他同時希望，龍應台在批評李登輝時能就事論事，不要關在象牙塔中以似是而非，或是形而上的理論來誤導民衆的想法，「如果眞的愛中華民國，爲什麼不回國來和我們一起流汗，一起爲這片土地奮鬥？」

沉溺傷痛於事無補

李登輝於今年一月接受日本作家深田佑介的專訪時，對過去日本對中國的侵略表示，「日本在戰後五十年遵守和平憲法建設民主國家，很努力地向亞洲擴散和平民主主義，對這點不加以正視而不斷地反覆提舊事，絕非正確的歷史認識……江澤民身為國家的領導人，以個人的恩怨和經歷對日本的過去加以斷罪，是很危險的……」這一番談話，除了令作家龍應台強烈質疑李登輝的史觀，她並認為，李登輝身為中華民國總統，但其對日本主流價值的全盤接受，已到了罔顧歷史與正義的地步，令她這個台灣國民惴惴不安。不過，對於龍應台的看法，因為能適切闡釋李登輝的理念，而獲義大利無疆界國際記者協會決定頒贈承先啓後新聞獎的丁遠超嚴正表示：「其理由不能成立也無法接受」。

丁遠超指出，李登輝對歷史的態度是非常嚴肅的，絕對不是像龍應台所說，是以輕浮的態度來看待中日歷史。丁遠超表示，李登輝所研讀的歷史書籍及對歷史瞭解與體悟，超過一般人的想像，事實上，李登輝還曾透露，由於對歷史一直有濃厚的興趣，當年還曾經考慮要讀歷史，後來也是從歷史的觀點，認為當時眞正能幫助中國的是農業，所以最後才會捨歷史而就農業。所以，李登輝對歷史的態度不但嚴肅，而且帶有對國家的感情在內。

至於李登輝為什麼認為，五十年前的舊事沒有必要反覆重提？丁遠超以李登輝處理二二八事件的態度為例表示，對於這些事件的受難者家屬而言，當然不能忘記親人被屠殺的血海深仇，但是，與其只是一味地沉陷在過去的傷痛中，或是只懷恨地想以牙還牙，並不是一種健康的態度，也於事無補。他說，李登輝曾經在審愼考量後，代表政府對二二八事件受難者家屬道歉，最重要的，是在道歉之外，採取了什麼實際的作為來弭平這個歷史的創痛，而不是一直說對不起，卻什麼事也沒有做。所以，李登輝才會從前瞻的角度，希望大家在記取歷史的教訓後，不要再重蹈覆轍，同時以積極的態度向前看，只有如此，才能讓個人、國家或是亞洲乃至於世界的和諧與和平共存，朝健康的道路上發展。

以宏觀角度看問題

丁遠超說，李登輝不但曾是二二八事件的見證人，他的親哥哥都被日本人拉伕，他怎麼會不瞭解這些受難者家屬的感受？但是，就誠如當年蔣中正總統對日本做出以德報怨的政策決定一樣，李登輝基於一份宗教家的情懷，才會希望大家不要一再舊事重提；至於李登輝曾說他在二十二歲以前是日本人，也是從現實的狀況來陳述，部分人士如果只根據片面的字句就來批評李登輝，是沒有意義也沒有道德的，同時，他也無法接受龍應台所指稱，李登輝是因爲「對中國共產黨政權的憎惡，對日本源遠流長的好感及海峽兩岸的緊張對峙關係，而扭曲了他對普遍人權的判斷」的說法。

他表示，李登輝是中華民國的總統，其所說的一切，都是站在國家及國人的立場，以宏觀的角度來看問題，而且符合其一貫主張的「主權在民」及「人生而平等」的理念。丁遠超認爲，民族主義固然有其必要，但不需要太過於強調，事實上，在和平盛世的時候，很少有人會去提到民族主義，因為往往容易造成人與人之間的隔閡甚至仇恨，所以，一般而言，只有在國家及民族被侵略或欺凌時，才會有人倡談民族主義的問題。

丁遠超強調，在李登輝的觀念中，台灣是一個地名，它的國名叫做中華民國，至於李登輝近年來一直致力於化解省籍情結的問題，就是希望所有生活在這塊土地的人，不論你來自何方，或是什麼時候來到這個地方，都能不分彼此，以「新台灣人」自居，但是，這並不表示就忘了自己的根及血脈的所在。

他舉例說，在去年選舉後，有一位美國學者在拜會李登輝時曾當面問李總統，「新台灣人究竟是什麼意思？」當時，李登輝就反問這位學者，你是哪裡人？那位學者不假思索地說他是美國人；李登輝便再問，你的祖先是哪裡人？那人回答是愛爾蘭人；李登輝進一步又問，那你會告訴別人說，你是愛爾蘭裔的美國人嗎？那人說不會，通常只會說他是美國人。李登輝當時笑說，「這就對了，我提出新台灣人的用意就在這裡！」也就是說，在告訴別人我是新台灣人時，並不表示忘記自己的祖籍，而是大家在這塊土地上一種不分彼此並願意共同努力的說法。

無法認同惡意攻訐

對於李登輝主政十年以來，常常招致來自各界的各種批判，丁遠超表示，「李登輝是人，不是神」，就像你我一樣，有優點也有缺點，因此，如果外界對他的批評，是理性而且根據事實，李登輝當然願意接受；反之，如果是出自於偏見或是意識型態的攻訐，當然就無法認同。

因此，丁遠超希望，任何人在看問題或批評李登輝時，不要只是關在象牙塔中，講一些似是而非或形而上的東西，或是「看起來很有學問，但一般人看不懂」的話；他強調，事實上，李登輝的施政與他對國家人民的關心，就像他主張「新台灣人」的理念一樣，並沒有像龍應台說得那麼地深奧，但卻非常務實也最符合國人的需要。

李登輝批江澤民，右派日本人相當窩心

陳華坎

中共國家主席江澤民去年十一月訪日時一再提起歷史問題，讓日本覺得不快，而李登輝總統在三月號《諸君》接受深田祐介訪問時，則表示歷史認識有問題的是江澤民而不是日本，江澤民不懂辯證法，不瞭解歷史。

江澤民數次責日

海峽兩岸領導人都愛談歷史，所以江澤民到日本談歷史，而和辜振甫會談時也在談歷史，而李登輝九四年和司馬遼太郎會面時也談歷史，但是所談的歷史大有不同。

在三月號《諸君》中，作家深田祐介在一開頭便指出：「江澤民去年十一月訪日完全是大失敗，江澤民不只是在高峰會談中，連在宮中晚會上也一再責難日本的『過去』與『歷史問題』，江澤民在日期間，責難日本武力侵華的次數竟高達十一次。自然引起日本全國的憤慨！」

深田祐介並表示，在宮中晚餐會的第二天，他偶然搭的計程車司機表示「江澤民盡會數落陳年往事的不對，眞是個討人厭，令人無法捉摸的老傢伙」完全成了厭中派。

《諸君》在日本是文春系的雜誌，《文藝春秋》在日本算是右傾的雜誌，基本上反共色彩濃厚，勝共（反共）系文化界人士如加瀨英明等都是諸君系的寫手，此外像台獨系的旅日學者或評論家如黃昭堂、金美齡偶爾也會在《諸君》露面，《諸君》是文春系的政論雜誌，立場相當明顯，發行量號稱有六萬份。

深田在訪問李登輝開頭便忍不住提歷史問題，其實這也是訪問當時（去年十二月）日本知識份子都想一吐有關被江澤民說教十數次（如果大小場合均計算在內則超過二十次）的窩囊氣，事實當時連日本親中的「朝日電視」的新聞主播久米宏都表示「這個歐里桑（江澤民）還滿死心眼的嘛——老在說歷史問題！」連朝日系媒體均對江澤民執拗提歷史——而且是日本侵華歷史，乃至甲午戰爭日本從中國（其實應是清朝）手裡奪走台灣的歷史等不以爲然，右傾的文春系或產經系媒體當然更是不斷加以反駁。

江澤民不懂歷史

深田對李登輝表示「趁敵失策（江澤民訪日失敗），現在正是加強日台友好的最佳時機，不知總統有何看法？」

李登輝回答表示「對五十年前的事沒有再提的必要，我認爲比起日本來，毋寧是江澤民的歷史認識才有問題，爲何如此說，日本在戰後五十年間，遵守和平憲法，已建設爲民主國家，不僅如此，還努力將和平及民主主義推廣到整個亞洲，江澤民無視於此，反而一再重提舊事，這絕非正確的歷史認識。」

李登輝並表示，其實江澤民不算是共產主義者，因爲如果他是眞正的共產主義者，就一定是爲共產主義根幹的唯物史觀、辯證唯物論的信奉者；如果歷史是依辯證法發展的話，根據「正」「反」「合」，在發生對立與矛盾時，應該將其「止揚」，以向更高層級發展，無法釋懷「過去」的對立，不談及更美好的未來，從辯證法來說，江澤民是不懂歷史；如果是毛澤東絕不會說這樣的話。

依李登輝的回答，李登輝比江澤民更懂唯物史觀或辯證法的唯物論，而且抬出毛澤東來指江澤民不懂歷史。

日本當時對江澤民提歷史問題的執拗，連一般國民均相當反感是事實，但是大多數的評論家都是拿江澤民和鄧小平做比較，認爲江澤民實在不如鄧小平心胸寬大。

李登輝和日本輿論界對於江澤民的分析是一樣，李登輝在深田訪問時表示「江澤民一再批判日本歷史問題的少年時代，曾有親戚遭日軍殺害，被迫接受日文教育，但是基於個人經驗而欲將對日本過去的斷罪正當化，國家領導人以個人的恩怨、體驗來考慮事物，是很明顯的錯誤，不能不說是非常危險的事。」

中日關係陷入低潮

江澤民的反日係基於個人幼時經驗，這事實上也是《朝日新聞》等首先指出的，而且因爲世代不同，江澤民對歷史問題的堅持也較外長唐家璇更強。

「江澤民訪日」這次在第九屆全人代中的報告指是「成功的」，而且唐家璇於三月七日的記者會中也表示「江主席訪日時，一直批判歷史問題，但是並不損害日本國民感情，不影響中日關係」。

唐家璇從正面否定記者會中有關「江主席訪日而導致兩國間殘存憤怒與不滿」的問題。

事實上，中共內部檢討時亦認爲江澤民此次訪日是失敗的，而且錯在對歷史問題過於用力，而當時應該對於台灣問題多牽制日本；中共內部因爲這次訪日的失敗，還將外交部亞洲局長（親日派）下放到非洲去，而唐家璇一度也傳出可能遭左遷的消息。爲此，中共外交部對外怎樣也不能承認江澤民訪日是失敗的，或是江澤民過度批判歷史問題的策略是失敗的。

但是中日兩國之間最近的確陷入空前的低潮，中共尤其認爲與自由黨聯合執政的自民黨在歷史問題或台灣問題上是無可救藥的，因此三月八日由中國共產黨方面派了一位對外聯絡的高幹來邀請民主黨及公明黨黨魁訪「中」，想從在野黨方面各個擊破，目前日本在野黨中，日共及社民黨已成爲中共的打手，中共想對日本執政黨從外野來包圍之。

李登輝在《諸君》中批評江澤民不懂民主主義，而且也批判江澤民比日本人更不懂歷史，這些話在日本人，尤其是右傾氣氛濃厚的當前日本社會聽起來相當窩心；但是的確江澤民不憚其煩地用同一字眼（鑑古知今）或是用十分具體而根據不明的天文數字來形容日本侵華對中國造成的損害，或是在天皇晚宴中的服裝及言辭讓日本人覺得其有失做客之道，而令許多認爲日本應好好道歉的日本學者或政治家也覺得在這種氣氛下很難出面要求日本政府道歉，也難爲江澤民或中共說話。

肯定日本殖民評價

李登輝受訪的標題副題即爲「不懂歷史的江澤民沒有談日本歷史的資格」，強調江澤民不瞭解歷史，或許是深田所說的趁敵有失策，另一方面也是凸顯李登輝自己才是懂歷史的；而李登輝對日本的歷史觀自然和江澤民完全不同，江澤民是反日的，年輕時的日本經驗也正與李登輝完全相反，李登輝喜歡提到二十三歲前一直爲日本人的經驗，對於日本殖民時代的評價毋寧是肯定的，對日本是更重視戰後五十年的和平歷史，所以是日本人所樂意聽的，順耳的話；但是另一方面，日本許多年輕一代的知識份子已開始注意到像李登輝這麼親日的是僅存在於李登輝這一代的「日本語族」，下一代的台灣人，即使是像陳水扁等，也都是受反日教育長大的，對日本的想法已不再像李登輝般一廂情願，這或許是李登輝對自己的接班人最不能放心的一點。

台灣統治者替日本辯護，是靈魂的墮落

南方朔

日本人的讓人覺得迷惑，乃是當他們嚴重的自我分裂時，居然能夠泰然自若。

日本缺乏懺悔之心

因此，他們能幾十年念茲在茲的記得美國人在廣島長崎擲下的原子彈，只要有任何國際反核集會，一定可以看到日本的蹤影，他們要全世界記得日本被原子彈轟炸的罪惡。但就在他們一點也不厭倦地宣述著原子彈的罪惡時，他們卻忘了他們自己所做的更大罪惡，那就是長期以來對中國的侵略與蹂躪，從割讓台灣到入侵中國。長期居住日本的前澳洲外交官克拉克（Gregory Clark），他也是世界知名的專欄作家，他就在一篇文章裡如此困惑地寫道：「日本人一再張揚他們長期以來即對最大鄰居和潛在對手的不喜歡和不信任。某些人甚至嘗試著去否認過去侵略及暴行的事實，彷彿中國人超過一千萬人的死亡及一個世代的軍事佔領都是自己發生的。」「日本軍隊的暴行其實超過德國侵略俄羅斯。德國人的殘酷，當然是一種邪惡，但它仍是有選擇性的，而日本的殘酷則更甚，它無差別地以所有的中國人爲槍靶。而更壞的，乃是日本對它過去所做的缺乏了懺悔之心，絕大多數的罪惡，在戰後都被置於崇高的位置。」

日本沒有悔罪之心，這個問題其實早有定論，前代文化人類學家潘乃德（Ruth Benedict）在《菊花與劍》裡，當代加拿大學者塔烏奇斯（Nicholas Tavuchis）在《錯在我——道歉及和解社會學》裡都指出，日本是個有「恥感文化」的社會，它會讓日本人多禮及追求卓越，但它卻沒有西方基於宗教昇華意識而產生的「罪惡感文化」。「罪惡感文化」是一種對靈魂邪惡所做的自省。只有這種文化，才會產生眞正的道歉。

或許，這可以說明戰後德日兩國對昔日罪惡所做的完全不同的對待。德國從戰敗的不甘裡很快的醒悟過來，他們的反省從宗教界開始：爲什麼那個納粹罪惡氾濫的時刻，只有極少數人如潘霍華牧師（Dietrich Banhoeffer）等能夠拚著性命而反對納粹？對納粹罪惡保持緘默，豈非等同於共犯？爲何德意志靈魂竟然會如此墮落？正因有了如此深刻的自省與自責，遂有了後來不斷的道歉及許多罪惡博物館之設置。道歉是靈魂的自我洗滌。猶憶《辛德勒名單》在德國首映，上自總統總理皆參與典禮，看了電影後每個人都老淚縱橫。換了日本人，大概連電影院都會被砸掉。

處於傲慢與苦悶中

這就是東方與西方之別。東方的日本只要求別人記得罪惡，卻原諒了自己更大的罪惡。德國的自省與道歉不僅是表面文章而已，而是在痛悔中自我改造。因此，戰後的德國人遂對罪惡充滿了敏感，稍早前，德國那些不知罪惡爲何物的年輕新納粹興起，它才剛剛萌芽，法蘭克福的市民們立即自動自發地湧上街頭，他們在夜晚秉燭遊行，要用溫暖的燭火保護那些可能被新納粹暴力相向的少數族裔。這些市民用直接的行動證明了靈魂被洗滌後的正直與勇敢。但對日本人而言，它縱或在國際輿論壓力下勉強口頭道歉，但他們的道歉卻和行爲完全無法連繫起來。於是，犯下罪惡的拒絕眞誠而言行合一的道歉，那些受傷害的就只好勉強自己痛苦地去記得。日本戰後迄今，可能曾經富裕過，也可能被人羨慕過，但它卻從來即未被人尊敬過，原因就在於它缺乏了那種自我洗滌的悔罪意識。日本繼續它的優越與傲慢，但卻又不被信任，也不被尊敬，遂使得日本長期以來都處於傲慢但又苦悶的精神狀態中。當它在強辭奪理地說「要道歉多少次才夠」時，眞正反映的其實就恰恰好是並沒有道歉的意願。

日本當然應向中國人道歉。英國倫敦《泰晤士報》在九八年底的社論裡就明白表示，道歉應以書面爲之。檀香山《太平洋論壇》的執行主任科薩（Ralph A. Cossa）更在一篇評論中指出：「日本的道歉不能滿足北京。北京不願將過去拋諸腦後，它以目前日本以及戰後迄今半個世紀的一切判斷日本，關鍵即在於日本道歉的本質缺乏言行合一。」因而科薩遂主張，日本應改變對中國的態度，透過道歉，而重建有道歉、有和解的夥伴關係。他說：「日本眞誠地道歉已拖得太久了，只有一份書面的道歉及懺悔的文件，始有可能讓歷史的傷痛獲得治療。」

只是，儘管西方媒體及學者基於西方宗教情懷的「罪惡感文化」，要求日本道歉，日本終究還是不會爲它在中國所做的眞誠地道歉。第二次大戰期間，美國對日裔僑民集中管束，毀壞了許多人的生涯與幸福，於是，一九八八年八月十日，雷根政府特地通過法案，不但補償，而且道歉，國會通過的道歉文裡承認當時對日裔僑民做了「不合公義的行爲」。加拿大與澳大利亞乃是當代兩個對上帝仍知敬畏的國家，它們稍早前都主動地向長期被凌壓，甚或被毀滅的原住民道歉。對日本而言，眞誠的道歉是承認自己過去的錯誤與失敗，那是它的「恥感文化」的核心，日本只想東山再起，繼續完成以前未完成的任務，它怎麼可能在道歉中自承失敗。前述的專欄作家克拉克稍早前在《國際前鋒論壇報》上發表多篇評論，他即指出，日本無意道歉，它眞正所想的，仍是以往的共榮圈，「希望在亞洲形成一個影響圈，讓台灣、菲律賓、馬來西亞和印尼，永遠在日本懷抱中安眠！」只是，不知道在懺悔中反省的，大概就很難從歷史中學得教訓，也就難以擺脫別人的不幸和自己的不幸。日本有極優秀的個人，但卻組成了一個傲慢但又苦悶的國家，誰知道這不是日本未來不幸的開端！

日本有日本的傲慢與苦悶，拒絕眞誠的道歉乃是關鍵。而對台灣而言，現實政治的糾葛所造成的「政治正確」，卻使得台灣總是會做出讓日本人也覺得很不好意思的表現。台灣的統治者也在那裡附和日本的拒絕道歉，看在西方人眼中，不僅是錯愕而已。人們必須反對今日的中共，但不能因爲反對中共的「政治正確」，就連昔日的日本侵略及暴行等也就在這樣的「政治正確」下一併變成了正確。當台灣的統治者爲了「政治正確」而成爲日本的辯護士，那就已不只是沒有格調與骨氣，更是一種靈魂的墮落了。

加拿大學者塔烏奇斯在《錯在我——道歉及和解社會學》裡指出，道歉是西方精神文明得以提升的關鍵。道歉乃是西方由野蠻殘酷逐漸提升，逐漸自我淨化與超越的良心基準，只是對東方人而言，這卻無疑地太難了。或許，這也就是東方噩夢仍未結束的眞正原因！

君不見長安人食人

王曉波

龍大小姐：

接到妳來信和大作全文，我已全文發打，並註明轉載《新新聞周報》。

妳的大作我全文拜讀了，誠如妳所言，我們的觀點有「重要的分歧」，其實我們的分歧相當「根本」，是哲學上的分歧，也就是我在前幾次信中所說的，「眼睛」的不同，看到的世界也就不同了。妳的文章中每每透露出先驗的觀念論（這是近代德國哲學的特色），認爲有普遍而絕對的觀念或價值，一切的具體事物必須符合這普遍的價值觀念。並且，這種普遍的價值觀念可以脫離具體的事物而產生和存在，甚至是生而俱有的。我的哲學比較傾向於相對的現實主義和經驗論，我們不承認有絕對普遍的觀念或價值，只有在具體的環境中，具體不同的人，相對的產生不同的價值觀念。所謂的「普遍性」，也只是在不同的價值觀念中抽取其共同性而形成的概念，離開了具體的事物和主體（人）就不可能有「普遍性」的價值觀念的產生和存在。由於有不同的哲學，因此有一點，文中言及「對日本的好感是李登輝這一整代人的歷史情愫。」但我們了解事實並非如此，對二次大戰時的日本好感就是對日本軍國主義的認同，也就是日本軍國主義的「共犯結構」，這對絕大部分的台灣人民是不公平的說法。日據時期的台灣意識大致可分爲四類，即地主階級林獻堂，中產階級蔣渭水，農民階級台灣共產黨及皇民階級御用紳士，眞正對日本好感的應爲第四類。

文中謂李登輝「強調他信仰普遍的自由和人權」，又謂「李登輝對日本主流價值的全盤接受」，此二者之間其實是矛盾的，既全盤接受日本軍國主義的主流價值又怎麼可能是「信仰普遍的自由和人權」呢？日本軍國主義是絕對體制的，正是反對歐美自由人權的主流價值的。我們完全同意「江澤民代表的是一個對自己人民開槍的政權」，就如同柯林頓代表的是一個屠殺印地安人、奴役黑人、侵略回教人民的政權；也如同現在的英國政府代表著一個屠殺殖民地人民、奴役殖民地人民、以戰爭迫使中國人民吸食鴉片煙的政權。不過，我們也不能否認英美及歐洲文化爲人類帶來近代的科學文明，也爲他們自己的人民建立了富裕的經濟生活和民主制度。同樣地，江澤民代表的政權也爲中國人帶來了中國的國家獨立，帶給中國人民免於「君不見長安人食人」的飢饉，也帶給了中國人民免於吸食鴉片，免於「七三一」當活體解剖，免於「八國聯軍」的自由。唯中共至今民主自由不足。一九八七年，台灣宣佈解嚴和反對黨合法化，時人均所得爲四、八二五美元，大陸人均所得若達到四、八二五美元時也必然不能不實現民主自由回去。英美歐洲文化只貢獻三、四億白人，中國貢獻五分之一人類的十三億人口。

關於妳對魯迅和梁啓超的「感覺」，我非常同感。我也不喜歡魯迅的尖酸刻薄，和對中國文化否定的偏執，但我能同情其憤世嫉俗的激憤。梁啓超是「有教養的人」，有感情而無激情，是林獻堂崇拜的偶像。以近代中國知識份子言，梁博學多識、貫通古今中外，借用日譯介紹近代西方思想文化，其開創新文化之功不下於嚴復，胡適只會吹牛作秀，等而下之耳。最後，還是要謝謝大作。

（《海峽評論》轉戴〈對李登輝史觀的質疑〉，但王曉波教授在贊成我的「質疑」同時表達我們之間的分歧。謝謝曉波教授應允刊出他的私信。）

過渡人物見證過渡時代

——我讀《台灣的主張》

李登輝寫了一本書，書名叫《台灣的主張》。奇怪的書名，因為，想想看，施若德可不可能寫一本書叫「德國的主張」？布來爾可不可能寫一本書叫「英國的主張」？不太可能。但是我們很容易想像江澤民寫「中國的主張」或者格達費寫「利比亞的主張」。

兩者之間的差別顯而易見：在民主制度裡，總統只是被人民任命的經理人，隨任期進退，與人民只是契約關係；在獨裁制度裡，他卻是人民的導師、牧師、先知、家長，與人民的關係——至少在他自覺裡，是宗族式的。換一個說法：在民主制度裡總統屬於國家，在獨裁體制裡國家卻屬於總統，那麼總統一個人的主張，當然就是國家全體的主張了。

可是現在的台灣確實是個民主社會，這又怎麼解釋呢？

李登輝寫這本書的本意是表達他身為台灣總統對台灣和世界的看法，但是這本書將來會成為台灣發展的一個歷史見證，很可能不在於他精心表達了什麼，而在於他不經意流露了什麼。

他精心所表達的種種看法，有極中肯的，譬如說，對於台灣史的喋喋爭論，他認爲「每一個歷史階段都有不同的時代背景，不必用現在的價值觀，去臧否過去的作爲」。對於台灣民主的意義，他指出，「台灣的存在不只是台灣本身的問題而已，而且也對中國大陸、亞洲及全世界的發展，具有重要意義。如果台灣能建設自由、民主、繁榮且和平的社會，則中國大陸不可能永遠維持不變」。

浮泛而空洞的看法卻也不少，他對中國文化認識的單薄特別突出。重複了很多次的論述是：「中國最大的問題，是在封建制度下所導致的發展停滯。」封建扭曲了傳統文化，而台灣擺脫了傳統文化的束縛，因此比中國大陸進步。但是「封建」是什麼意思？「停滯」是什麼意思？「傳統文化」又何所指？中國發展是「停滯」了五十年還是兩千年？這些詞彙和概念在歷史和社會學上都有極其複雜的內容。

緊接著他又要教訓：「過去我們一直引以爲傲的中華文化固有美德，諸如：勤勉、節約、誠實、互助的精神，都已被追求名利、權勢、財富的欲望所蒙蔽。」這麼說，扭曲了傳統文化的竟不是中國的「封建」，而是台灣的資本主義了。

這樣的文化認識只是人云亦云的印象堆積，不是經過個人深思的觀察和體驗，完全經不起推敲。在這個基礎上，李登輝試圖進行所謂「心靈改革」，除了浮泛空洞以外也只有浮泛空洞了。

《台灣的主張》最有意思的倒不是這些或中肯或浮泛的意見，反而是作者本人作爲一個角色，在歷史的舞臺上所反襯出來的時代性格。這本書將有英文版（原文據報導是以日文寫成，中文倒是譯本）；英語讀者會讀到很多這一類的句子：

「我經常提到，將來領導台灣的人必須是非常愛台灣，而且是可以爲了台灣，不惜粉身碎骨來奮鬥的人。」

「多年以來，我爲台灣發展所做的一切，絕非玩弄政治手段，而是基於身爲台灣人的使命感，真正想要爲自己的同胞做些什麼。」

「我向選民保證：『民之所欲，長在我心』。」

「唯有愛，才能設身處地爲人民著想，不求私利地去完成使命。」

「……政治家不僅要將人民視同家人，善加關懷，還必須掌握人民的需要，達成人民的心願。」

「粉身碎骨」翻成英語相當可怕，還是不翻爲妙。英語讀者，假定他生活在一個成熟的民主體制裡，這樣的表述語言可能使他錯亂地以爲這是江澤民或者格達費的語言，因爲只有獨裁者需要不斷大聲強調自己對廣大人民的「無私」的「愛」，只有民族主義者需要歇斯底里地呼喊自己民族和國家的名字。再說，每一次選舉有那麼多個候選人，難道每一個候選人都得宣誓「民之所欲，長在我心」？每一個候選人都得證明自己愛國家愛得粉身碎骨？對選民負責，不是民主運作的不言而喻的基本條件嗎？

可是現在的台灣確實是個民主社會，這又怎麼解釋呢？

李登輝是值得尊敬的，因為，我相信他相信自己的每一句話；但是他的誠懇，屬於一個從威權時代轉移到民主時代的過渡人物。他的思維，他的語言，他的自我定位，他對人民的認知，都仍是一個舊時代的導師、牧師、先知、和家長。這實在不是一個民主社會所期待、所應有的政治家，但是，對不起，比起他身後的人，他還是有風度、有格調的人；在他的身後，有相互揪打的國會議員，有演出帝王時代「黃袍加身」的候選人，有到廟裡去斬鷄頭咒毒誓的民意代表。台灣是一個民主社會，是的，一個剛剛從「封建」轉化過來的民主社會，還拖著長長的、暗暗的舊權威的影子。

李登輝的《台灣的主張》不經意間透露的是：從獨裁到民主的社會轉型是一件多麼困難的事情，需要時間的沉潛，需要不斷摔倒了再爬起來的經驗累積，而我們都是其中的一部份，好的和壞的，醜的和美的；對於作者，因此，也就不必苛責吧。

十億元一個電話

去看了兩場里長候選人的「開選典禮」，混在捧場的大夥中站著吃了一碗仙草冰，接到無數張競選名片和無數包的衛生紙。

我不斷地問，問選民也問候選人：里長到底是幹什麼的？

從桃園到台北，答案都一樣：水溝淹水、路燈不亮、馬路不平的時候，叫里長去催市政府處理。

奇怪了，我說，水溝淹水、路燈不亮、馬路不平的時候，市民不能自己打通電話給市政府嗎？為什麼需要一個中間人？從前電訊落後的時代，政府或許需要一個人騎著單車用喇叭村前村後的宣佈：明天要停水停電。村民也需要一個人跳上單車戴上斗笠急馳鄉公所報告：雜貨店前的水管破裂了，趕快來修。

可是現在是什麼時代了？當家家都有電話、青年人都用電腦網路的時候，里長這個結構依舊存在，透露了什麼訊息？

首先證明的是地方政府效率的低落。在規劃周全、設施良好的城市裡，原則上就不該有水溝淹水、路燈不亮、馬路不平的問題。問題一旦發生，市民一通電話也就可以促使市政府的負責單位立即處理，解決問題。市政府如果沒有劍及屨及的應對能力，對不起，下次選舉市長就要換人了。

從前因爲監理所效率極差，所以有黃牛代辦業務，從中牟利。電影院售票制度有問題，所以有黃牛買來賣去，作中間人。法庭手續複雜難辦，所以有司法黃牛，兩邊周旋。那麼里長是做什麼的呢？難道不是地方政府越缺行政效率，市民就越需要里長去跑路？

可是奇怪的是，地方政府在培養里長。在我看來，這有如監理所、電影院、法庭，專門設置「黃牛」站，而且是有給職。「給」，從哪裡來？台北市將有四百三十五個里長，每一個里長在四年任期中將得到兩百三十八萬七千元。也就是說，台北市民要付出十億元新台幣，爲了聘一個人代打電話，處理水溝淹水、路燈不亮、馬路不平的問題。

爲什麼市民不能自己打電話？爲什麼路燈不亮了得找「黃牛」？爲什麼地方政府要透過「黃牛」來做自己該做的事？爲什麼里長的收入高到超過了一個初出社會的研究生，超過了一個高級公務員，超過了一個校級軍官？一個碩士、公務員、校級軍官要爲他那份收入投下多少年的教育學習和多少年的兢兢業業？一個里長有什麼特殊才能又有什麼特別貢獻？他的付出和他的收入成什麼樣的比例？

第二個訊息是社群意識的曲解。同一社區裡的居民爲了共同利益往往需要結合起來推動一些事情，或者是阻止一條公路的興建，或者是促成一塊草原的保留，但是不論是阻止或促成，總是對現行體制的挑戰。社群之所以重要，就是由於它能監督、修正、甚至於反對政府體制內的既定的方向。社群意識是最底層的在野制衡力量，不受收編，不被籠絡。

有人說，里長選舉熱烈是台灣社群意識興起的象徵。不錯，確實有些理想主義者投入選舉，希望能帶動社區改革，但這是不是眞正的社群意識？我懷疑的是：向政府領取傳眞機、車馬費、月薪和福利的里長，讓政府用十億元養著的里長，仰仗政府給予好處的里長，如何成爲「現行體制的挑戰」者，如何成爲「最底層的在野制衡力量」？

社群可以形成力量的必要條件是，它不受政府籠絡，它拒絕被政府收編，它保持民間草根的獨立性與活潑性。現在你說里長代表社群力量，而里長同時接受政府重金收買，這是什麼社群力量？

陳水扁市長說，今年里長選舉空前地火熱與他所大幅提高的里長待遇無關；我們不妨溫習一段古典政治學：

> 堯之王天下也，茅茨不翦，采椽不斲，糲粢之食，藜藿之羹，冬日霓裘，夏日葛衣，雖監門之養，不虧於此矣。禹之王天下也，身執耒臿，以爲民先，股無胈，脛不生

毛，雖臣虜之勞，不苦於此矣。以是言之，夫古之讓天子者，是去監門之養，而離臣虜之勞也，故傳天下而不足多也。今之縣令，一日身死，子孫累世絜駕，故人重之。是以人之於讓也，輕辭古之天子，難去今之縣令者，薄厚之實異也。

今年里長選舉之離奇激烈不難解釋；兩千五百年前的韓非子就已經說得清清楚楚：給予好處給予權力，再小的位子也會讓人爭奪得你死我活。今年里長的小位子有著太大的好處：優渥的收入，加上年底大選時各路爭權奪利的人馬競相支付的各種實惠。候選人心裡有什麼計算，誰不明白呢？

陳市長說里長候選人不是爲「利」，請社會不要「污衊」他們，我認爲是把道德混進了體制問題。既然設立了一個以利誘人的體制，趨利者蜂擁而至屬理所當然，里長候選人可以理直氣壯。必須面對道德不道德這個問題的人，不是那些打破頭的里弄小市民，而是那體制的設計者。在台灣正邁向二十一世紀急需大步現代化的時刻，里長這個體制非但不曾被淘汰，反而被刻意地壯大；如果不是媚俗收編，究竟有什麼正當的理由？

在舊的體制裡，里長曾經是國民黨鞏固政權的樁腳。在新的體制裡，民進黨顯然試圖將這樁腳「買」過去。買過來買過去，花的都是納稅人的錢；舊體制變新體制，變來變去，仍是農村樁腳文化。我們所期待於民進黨的，難道只是對國民黨的以惡制惡？什麼時候，民進黨可以開始徹底的新思維，而不只是一個比較不爛的國民黨？

現代市民不能不思索這些根本方向的問題，因爲他們爲錯誤和浪費得付出太大的代價。從最底層到最高層的爭權奪利，所爭所奪都以社會爲成本。十億元聘專人去給政府打電話修路燈，成本不可謂不高。而對那些可能影響台灣二十一世紀的政治人物，再苛刻的檢驗亦不爲過。

即使知道明天世界毀滅

——送許遠東夫婦

遠東：

你沒看見那大火之後的世界，聽我說。

這一年，歐洲的春天到得特別早；三月初，天藍得乾乾淨淨，鳥聲在空中迴旋。肥大的烏鴉們張開翅膀，像一張張黑傘飄落在樹梢。枝枒仍舊空蕩蕩地在風裡推搖，一派冬日的蕭瑟，但你若湊近去看，枯枝上綴滿了毛茸茸的花蕾，蓄勢欲發。

這一年，飛飛已經八歲。他是嬰兒時，兔逸曾經抱著他，親吻他一節一節鼓出的肥胖手臂，滿溢著歡喜愛憐。八歲的飛飛將我領到花園，說，你看。

什麼時候埋下的種子呢？一簇一簇的綠葉已鑽了出來，是鬱金香含苞待放，你看過的一年一度在一寸土裡鑽出來的鬱金香。你不會忘記，有一年也是在這大地蘇醒的季節裡，我們一起去了東德，到了馬丁路德的故鄉。

剛剛統一的東德，街景還是那樣荒涼。牆上貼著共產黨的標語佈告，因雨打日曬而歪斜，一陣風將它嘩啦吹下來，在地上翻動；你要我翻譯佈告的內容，我一邊說，你一邊記：「……千萬不要忘記階級鬥爭。做一個完全的革命派……」

我們去看東德最大的汽車製造廠，在廠房裡解釋給你聽：設備都是老得可以讓博物館展覽的東西了；統一後已經裁掉七千個員工；國營事業全要轉爲私營；一整代人要淘汰掉，而且別無選擇。

我們去看馬丁路德的教堂，在教堂大門外指給你看據說是路德貼了「大字報」震撼了整個西方世界的地方。每一個卑微的人，他說，都能得到神的恩寵和原諒。

你仔細地聽，提出問題，而且時時低頭作筆記。我多麼願意再帶你去柏林啊，我說，像你這樣眞正對外面的世界充滿好奇、虛心求解的中國人並不太多，有國際關懷、世界視野的「大官」就更稀少了。許多來歐洲找我的台灣人從頭到尾就只願意談台灣呢！

你笑，對我用「大官」這個辭來形容你似乎覺得有點兒訝異。你不知道，大火之後也有人們以「國民黨的大官」來稱呼你，使我難受得一時無法呼吸。不認識你的人不知道你和免逸是如何憨厚誠懇的人。年輕時曾經因國民黨而受過罪的你，在離開人世時要再度因國民黨而承擔你所不該承擔的，命運對憨厚的人何其苛薄啊。

因爲在我記憶中，你是那麼一個不自覺尊貴的人，至今我不明白你的謙和樸實來自哪裡。台灣的官場文化使你往往被想討你喜歡得你欣賞的人所環繞。人們對你深深鞠躬、人們爲你開門關門、人們爭著提你的行李、人們對你說：「是的，總裁。」我不明白的是：爲什麼你不曾被寵壞？

你「微服」和我們去東德，住的是最普通的小旅館。晚上在飯館裡喝酒聊天，說世界局勢也說打球的笑話。到你家去沒有什麼深宅大院，更沒有僕人盤查身世。你和兔浼如此地接近市井，曾經使我暗想：得感謝台灣仍是一個政治安定、沒有恐怖份子的國家吧。以前的德意志銀行總裁住在我家附近，被左派赤軍所暗殺。現任的德意志銀行總裁也住我家附近，他的全家人無時無刻不在便衣警衛的視線範圍之內。時不時還會看見警察將他家隔離封鎖，搜尋匿藏的炸彈。

到你家，好像到巷陌尋常人家。上次去時，你不在，兔浼趿著拖鞋將我迎進飯廳。無論如何要吃碗麵才走；吃了麵之後，無論如何要吃碗桂花湯圓才走。爲家事煩惱嗎，應台？兔浼傍著我坐下，那麼親親愛愛地說，要忍耐，應台，人生要學會忍耐。我們女人在這個世界上本來就比較困難，你看，我年輕剛作媳婦的時候，哪裡知道人與人間相處的複雜，都是慢慢適應學習的。我跟你說……

兔浼環著我的肩膀，娓娓叙說她的成長；她的語腔仍帶點兒鹿港尾音，她的聲音溫潤柔和，她的眼睛慈愛溫暖，充滿信任，一個女人對另一個女人的自然而然的信任，好像她從來不知懷疑爲何物，好像除了給予愛，她不知人世間還有別的可能。

冤逸之於你，也是這樣一個純純淨淨溫溫暖暖的女孩兒嗎？

我多麼慶幸這次你們同行了。如果冤逸是那留下的一個，如果她必須到那血肉橫飛的機場在淒風苦雨中百般尋你，如果她必須在攝影機鎂光燈的照射下赫然找到你……，我慶幸你們同行了，遠東，因爲我確信，在生命驟止的前一刹那，你們仍能緊緊地擁抱。死生契闊，與子成說。執子之手，與子偕老。在電光石火中，前世的緣份與今生的愛情在靈魂深處完成誓約；冤逸是與你偕老了，沒有遺憾，無需牽掛。

大火之後情景之不堪，遠東，你是可以想像的。畫面與文字的血腥聳動配合著對死者與生者的情感的踐踏；人們沒有惡意，但他們需要刺激，視覺感官和精神感覺的刺激。在同時，你知道嗎，遠東，科西嘉島上有人被殘酷暗殺了，兩家法國報紙將死者倒於血泊中的近距離照片刊出。家屬控訴這兩家報紙蹂躪了死者的尊嚴、傷害了生者的感情。巴黎法庭判報紙有罪，勒令立即登報道歉，道歉聲明若延遲刊出，每遲一星期就罰一萬美金。

你一點兒也不驚訝。你說過，音樂和藝術於你是一種拯救，從現實世界中種種的不堪中的拯救和自我昇華。你熱愛藝術，因爲你知道醜陋無所不在；人的尊嚴多麼脆弱易碎，如果沒有音樂，如果沒有藝術。

寫字的此刻，你送我的交趾陶獸頭就伏在桌上，獸眼晶亮，鎮著我潔白的稿紙，凌晨三時。

他們把你破碎的身體擱在地上。照相機響個不停。

現在，他們說你如何無私地建立起制度，制度的穩健運轉使有你這總裁和沒有你這總裁沒有兩樣；你走了，國家金融機制照樣運轉。天哪，遠東，爲什麼在你生前人們不體認你的無私、你的貢獻？台灣解嚴到今天，哪一個政治人物有你的謙遜、你的大度，把個人權力放開去建立一個「可以沒有你」的制度？爲什麼他們不說？爲什麼他們在你可以聽見的時候不說？

我爲你哭，遠東，爲了你已聽不見人們的讚美。

我們站在馬丁路德曾經站立的廣場上，有歌聲悠悠傳來，你回頭相看，用手掌遮著太陽，瞇眼尋找歌聲的來處。

兗渙在家中等你。

我欲與君相知，長命無絕衰。山無陵，江水爲竭，冬雷震震夏雨雪，天地合，乃敢與君絕。

兗渙在家中等你，走吧。

大火，燒黑了一切，洪荒宇宙共滅。可是你記得教堂石壁上路德的一句話嗎：

> 即使知道明天世界毀滅，
> 我仍願在今天種下一棵小樹。

你也會願意的，我知道。

遠東，免洸，好走。

「三不」的小註腳

柯林頓的「新三不」使台灣焦灼不安；因為美國的積極介入，台灣被迫得全盤重新調整自己對大陸的認知和對策。跳開現實的糾纏，站遠一點看，歷史的規則就浮現了：台灣人民面對中國的焦灼不安，已經是這個海島的歷史性格了。

第一個提出「三不」政策的，不是蔣經國，不是李登輝，是鄭經。如果《清代軼聞》的記載可信的話，鄭經在即位之初就對前來招撫的清史提出「三不」條件：不登岸，不薙髮，不易衣。

不登岸，是保持政治主權獨立；不薙髮不易衣，是保持文化體制獨立。十七世紀末鄭經的「三不」所爭取的和二十世紀末的我們所企求的，其實差別不大。對於明朝的漢人遺老而言，不薙髮不易衣所蘊含的認同意義絕對不亞於今天台灣人對於不要馬列主義、不要財產國有、不要一黨專政的堅持。

清政府拒絕了鄭經的「三不」。

但是三藩之亂平定、帝國統治穩定之後，鄭經竟然收到這樣一個訊息：

自海上用兵以來，朝廷屢下招撫之令，而議終不成。皆由封疆諸臣，執泥削髮登岸，彼此齟齬。台灣本非中國版籍。足下父子自闢荊榛，且睠懷勝國，未嘗如吳三桂之僭妄。本朝亦何惜海外一彈丸地，不聽田橫壯士，消遙其間乎。今三藩殄滅，中外一家。豪傑識時，必不復思噓已灰之焰，毒瘡痍之民。若能保境息兵，則從此不必登岸，不必薙髮，不必易衣冠。稱臣入貢可也，不稱臣入貢亦可也。以台灣爲箕子之朝鮮，爲徐福之日本，與世無患，與人無爭，而沿海生靈，永息塗炭。惟足下圖之。

是不是眞有這個密信？既是野史，我就不知道了，但是野史有時候是更貼近眞象的，因爲它從側面切入。這封密信所提出的「兩岸協商」透露了兩個特質：一是康熙中國在政治穩定之後所顯的落落大方，充滿一種強國大國的雍容自信。

更令人眼睛一亮的，是信中所流露對和平的高度重視。基本上，中國在說：只要你台灣不再高喊「反攻大陸」，只要海峽兩岸能「保境息兵」，只要兩岸的中國人不再「塗炭」，那麼你台灣「稱臣入貢可也，不稱臣入貢亦可也」；保留你的政治獨立，保留你的文化差異，像朝鮮、像日本一樣吧。

和平的價值，人民的利益，顯然還超過疆土版圖之爭，超過所謂國家主權之戰。鄭經同意了這個以「三不」爲基礎的不動武協定，但是他並不昧於現實。「不登岸」就是不接觸；不接觸就是截斷了島國的經濟命脈，所以在「三不」之外他要求開闢海澄作爲兩岸貿易的轉口站。

如果三百年前這個和平協定落實了，我們今天的命運將是另一番光景。可是和平在當時就不可能。督管福建的姚啓聖急於立功，而統一台灣又是立功的捷徑，於是多次派出刺客要暗殺鄭經，沒有成功。最後呢，鄭氏政權自己分崩離析，被中國吃掉也屬於歷史規則。

從瑞典事件看台灣外交

讓我們姑且稱之爲「瑞典事件」；一九九八年八月二十四日中國時報所展現的台灣版本是這樣的：外交部長胡志強說，瑞典某學術單位有意邀請連戰副總統前往斯德哥爾摩參加一個國際學術研討會，不過副總統辦公室及外交部並未試探其可能性，也未正式申請簽證，瑞典政府對外表示拒發簽證，胡志強說，「有失分寸，沒有禮貌。」並且強調要向瑞典政府提出抗議。

連戰表示，瑞典政府似乎別有用心，「不知做給誰看。」而駐瑞典代表處組長則「很不以爲然地表示，這是因爲台北記者不了解實際情況。把問題問得很嚴重，胡志強才會作這樣強烈的反應。」駐瑞典代表祝基瀅則沒有意見，「一切聽外交部指示」。

我是這個學術會議的參與者之一。「全球化時代裡的國家文化」作爲會議主題，討論的就是我們在提升國際視野與加深地方意識的兩種潮流中找到平衡，這個在會議期間所發生的小小的「瑞典事件」——從瑞典方面來看應該稱爲小小的「台灣事件」——恰巧突出了會議想討論的問題。

我在瑞典所知所見的版本是這樣的：

斯德哥爾摩的亞太研究中心並沒有邀請連戰來與會。是台灣準備來與會的學術單位單方面向瑞典主辦單位提出問題：連戰要來與會，是否可行？

台灣這個學術單位爲什麼要邀連戰，動機可以在此不論，但它是否在事先與連戰取得某種了解？連戰和外交部至少是否認了，因爲他們說，這個邀請來自瑞典。

瑞典的亞太中心得知「連戰想來」這個消息，基於對台灣友善的考慮，不願意見到台灣政府首長再度被拒簽證因而受辱，於是「私下」探問瑞典外交部的意向。

瑞典外交部「私下」回覆：不會給予簽證。

主辦會議的斯德哥爾摩大學漢學系主任羅多弼教授「私下」給外交部長寫了一封信，批評瑞典政府以政治干預學術自由。

這封私信不知怎麼流出了外交部，被瑞典媒體記者取得，於是所有的「私下」變成了公共議題。八月二十三日，最重要的兩家報紙都刊出了瑞典外交部阻撓台灣副總統連戰來訪的消息。四個反對黨的政治家分別發表談話，抨擊瑞典政府對現實政治低頭，沒有道德立場。電視新聞記者來到會場訪問羅多弼教授。羅教授認爲瑞典外交部作法太僵化；瑞典當然不能不重視中國，但是即使在承認「一個中國」的前提下，與台灣的文化交流是可以更深化擴大的，何況瑞典向來就不曾分過東西德與南北韓，何況西藏的達賴喇嘛也是貴客。

瑞典外交部在社會各方的批評之下，不斷地自我辯護；瑞典立場必須與歐盟一致，歐盟的既定決策是，不能讓李登輝和連戰訪歐。

比較這兩個版本，許多問題就冒了出來：

第一，連戰如果知道所謂「邀請」來自國內學術單位，他就不該對媒體表示這個邀請來自瑞典。如他所說，以爲這個邀請來自瑞典，那麼我就不了解爲什麼「副總統辦公室及外交部並未試探其可能性」，換句話說，對這樣一個機會置之不理。

第二，說瑞典政府「有失分寸，沒有禮貌」是相當重的措辭；要向瑞典政府提出外交抗議，更是政府之間不得已才爲之的大動作。胡部長說這些之前是否對狀況有所了解？如果他只是因爲台灣記者「問得很嚴重」，他就「反應強烈」，外交部長是不是可以如此情緒、如此草率地發言？胡部長的「有失分寸，沒有禮貌」的措辭事實上已經出現在瑞典媒體上。

第三，如果胡志強稍安勿躁，先把瑞典的情況了解一番再作反應，那麼他勢必得倚賴外交部駐瑞典代表處提供給他的資訊和分析。新上任的駐瑞典代表祝基瀅英語能力很強，風度也大方得體，但是他不懂瑞典文，而且也不是他的錯。外交部一貫的作法就是：派駐瑞典的代表不懂瑞典文，派駐德語各國家的代表多不懂德語，派駐西班牙語各國家的代表多不懂西班牙語……。台灣的外交部顯然還停留在大不列顛國的殖民時代，以爲用英語可以了解全世界。這麼多年了，我們難道仍不能要求代表我們出去的大使對他出使國的語言文化歷史有第一手的認識？這麼多年了，外交部訓練出來的各個語文的國際事務人才究竟在哪裡？

第四，瑞典是個不重要的小國，所以不需要專精瑞典或北歐語言文化的大使；如果台灣政府這麼想，就太可悲了。只有九百萬人口的小國瑞典，人人都知道，其實在西方世界裡被稱為「道德超強國」，在所謂國際正義的仲裁上，有超乎比例的影響力。諾貝爾文學獎只是一個例子，其他有關國際和平以及人權人道主義的許多世界組織和活動都以瑞典為核心。瑞典人的自我意識也以「政治小國、道德大國」的國民自居。「台灣事件」發生後，對外交部長提出抗議的羅多弼連續數日在信箱中收到陌生人的來信，表示憤慨，支持他對瑞典政府的批評。八月二十七日的瑞典日報還有專欄評論，指責瑞典外交部排斥台灣的作法是「可恥的」。

台灣的外交部如果了解瑞典的情況，就不至於簡單地用「有失分寸，沒有禮貌」來回應瑞典。事實上，在每一個歐洲國家裡，你都可以找到同情台灣處境、願意與台灣交流來往的民間力量。這些民間力量充沛而多元，是台灣人突破孤立的眞正重要資源。可是一個缺乏國際視野、顧影自憐又忙於內鬥的台灣，看不見也認不得這些民間力量。你說怎麼辦呢？

包容、開闊、寬厚的台灣社會？

——魏京生訪台的反思

「只是別國的事罷了」

魏京生在今天，一九九八年十二月二十一日，來到台灣。原則上他來觀察台灣民主運作的情況，具體的任務卻是爲海外中國民主運動尋求財力和人力的支持。半年前，他曾經說，「台灣方面若有誠意與海外大陸民運團體合作，我們肯定會去，否則，去了沒有意義。」今天他來了，是不是表示「台灣方面有誠意與海外大陸民運團體合作」？魏京生是目前唯一的中國人，而且是一介中國平民，在西方世界不但受到各國政府的禮遇也得到民間社會的尊重，但是在台灣，一個與他同文同種同根生的國家，他會得到什麼樣的待遇？

魏京生在美國已經遇見許多台灣人教訓他「台灣人是台灣人，中國人是中國人」，所以大概不至於幻想他今天的來訪，台灣人會像西方人一樣熱烈地擁抱他；但是他是否預料到台灣人對他冷淡的程度？他又是否能理解這份冷淡背後的歷史成因？

媒體對魏京生的來訪沒有任何興奮，他要來訪的消息幾乎不成消息。當李登輝接見他時，報導會稍稍炒熱一下，但眞正的主角是李登輝，不是魏京生。對魏京生表示一點興趣的專欄作家想說的只是：「魏京生，你有什麼了不起；我們台灣人在民主上的成就比你大多了。你來台灣學習學習吧！」主要政黨的領導人都會和他見面，但是在每一個和他握手拍照的政治人物心目中，魏京生多半只是一只棋子、一張牌。譬如說，他是李登輝的「民主牌」；在民進黨的棋盤裡，他又是另一個玩法。而社會大衆，包括文化人和知識份子，在「台灣意識」的籠罩下，對魏京生和魏京生所代表的意義，只覺得事不關己。六四的屠殺、長江的水災、魏京生的十八年牢獄，對越來越多的台灣人來說，越來越「只是別國的事罷了」。印尼也有屠殺，孟加拉也有水災，政治犯哪國沒有，十八年牢獄又怎麼樣。

我們或許可以對魏京生解釋：台灣人仍舊在釋放積壓已久的對中國的兩重反感；一重反感來自從前由蔣家政權操縱的政治與文化壓抑——現在的台灣人體認到，濁水溪雖然沒有長江的源遠流長，但對台灣居民而言顯然比長江還重要。另一重反感來自眼前共產黨政權的武力威脅——它像緊掐著脖子的一隻手，不讓台灣人成爲正常的國際公民。從前的蔣家和眼前的共產黨，不管邏輯上和歷史上說不說得通，都代表了「中國」這個概念，而這個概念，在台灣半個世紀的歷史裡，又離不開壓制和威脅。因為對中國反感，所以對中國冷感，拒絕關心，拒絕瞭解，這也是很自然的反應吧。

冰冷的現實

確實是自然的反應，但是以最不自然的行為表現出來。首先就是現實問題。假定中國確實是台灣生存上最大的敵人，那麼瞭解敵人，最深刻地瞭解敵人，是不是生存的必要條件？兩岸隔閡五十年，重新接觸以來，彼此對對方充滿誤解和無知。在蔣家時代，我們所認識的中國用一句「萬惡的共匪」就可以總結；後蔣家時代，我們則厭惡地根本不想認識中國。對共產中國從一九四九年到現在的眞實歷史、它的社會組成、它的文化性格、它的權力結構、它此刻正在發生的政治上和文化上的深層變化，我們究竟瞭解多少？當然，中國對台灣可能更是無知，但問題是，中國對台灣無知，還是中國；台灣對中國無知——後果，我們承受得起嗎？

台灣人對大陸的民主發展沒有興趣的程度，更令人難解。魏京生說，「在整個中國都還沒有民主制度的前提下，你想單獨保持一塊地方很好，很安全，好像不太可能。」他指出的是一個我們極不喜歡但無法反駁的冰冷的現實。台灣民主唯一的保障是中國本身轉變成一個開放自由的體制，否則台灣人永遠生活在強權的陰影之下。對大陸民主沒有興趣？這樣的短視，台灣承受得起嗎？

簡化的眞理

用「中國」這個詞，有一萬個迫不得已。誰說蔣家的國民黨代表中國？誰說毛澤東的共產黨代表中國？兩個歷史不滿百的政治黨派——通常由一小撮權力野心家控制，就代表了一個綿延三千年的人類古文明？所謂對「中國」反感，是對中國的「什麼」反感呢？若是對中國文化反感——哪一個時期、哪一個地區、哪一個思想流派的文化？若是對中國政治反感——抽象的政治思想？還是具體的政治現實？哪一家的政治思想，哪一個階段的政治現實，政治現實裡的哪一個特定情況？如果說蔣家專制代表中國，那麼西班牙法朗哥或者墨索里尼法西斯是什麼呢？如果說中共獨裁代表中國，那麼蘇聯的史達林和高棉的波帕又是什麼呢？若是對中國這個具體的國家反感——是對它的國家機器，還是對它一併夾在機器裡頭旋轉的「人」？

如果說，一百年充滿掙扎的台灣史教了我們什麼東西，我想我們至少學會了懷疑，懷疑任何經過簡化處理的「眞理」而試圖去認識事情的複雜性、多元性。我們付出了多少沾了血的學費才發現，中共不只是「萬惡的共匪」，它確實曾有理想主義的濃度，而日本不只是可恨的「帝國主義侵略者」，它的殖民同時是現代化的催化劑。認識了政治和文化的複雜性之後，我們才可能成爲一個有包容性的民主社會，怎麼會一轉身就去簡化「中國」這個概念呢？只因爲它是我們眼前的「敵人」？爲嬰兒洗完澡之後要倒掉濁水，但是我們把濁水倒掉，不會把嬰兒也一併倒掉。如果現在爲了政治正確的「台灣優先」論，就把層次極複雜、內容極多樣的「中國」簡化成一個獨裁惡霸，那麼我們豈不是在重複我們所曾經反抗的前人的錯誤？在所謂認同的問題上，台灣人當然儘可以決定把「中國」倒掉，但是哪一部分是濁水，哪一部分是嬰兒，總得先誠誠實實地搞清楚吧？

從這個角度，我們可以探討究竟魏京生對今天的台灣人有什麼意義。他的來訪，可以引出許許多多值得我們冷靜思索的問題來。第一個，中國就是中共嗎？只要面對魏京生，我們就不能把國家機器與中國對等起來。在共產黨的國家機器下，有無數被輾得血肉模糊的人，有無數奮身反抗的人，甚至也有許多操作著機器卻又努力不讓機器害人的共產黨員。當我們把中國簡化成中共而不加區分地對之一概敵視或漠視，我們首先就對不起那受難的人。

健康的還是病態的台灣意識

第二個，魏京生可以測出在台灣的民主制度裡面有多少實在的人道價值。現在高居廟堂之上的許多政治人物，不是當年勇敢的異議份子嗎？他們的政治信譽和資本不是建立在他們對正義和人權的追求、對強權和獨裁的反抗上嗎？而我們所引以爲傲的所謂「台灣經驗」、「民主奇蹟」，不就是以對被壓迫的「個人」的關懷作爲基礎嗎？政治人物對被關了十八年的異議份子魏京生不感興趣，是不是意味著，對正義和人權的追求只是取得權力的捷徑，權力到手之後，就不再用得著這些口號？

我們的社會對魏京生冷淡，是不是意味著，台灣人只關心台灣人的人權、台灣人的正義？如果對人道的關懷狹隘到這個程度，台灣人有什麼資格談世界公民、國際視野？不，許多人說，台灣人也關心蒙古的孤兒、印尼的華僑、伊索比亞的飢民；只不過因爲「中共」太惡霸了，使台灣人無法對大陸付出關心。那麼問題就在於：我們只看見「國」而不看見「人」，受苦的「人」，這是不是諷刺了自己津津樂道的「民主奇蹟」，背叛了自己曾經追求過的理想？畢竟民主不只是選舉制度而已，它更是一種內涵和素養——對「人」怎麼對待，才是民主的實質。我們自己不久才從「國」的捆綁中掙脫出來，面對中國，卻對其中「人」的痛苦沒有同情和理解——甚至比西方人還少，眞正的原因在哪裡？

如果爲了台灣意識的建立和深化，我們就得阻礙、扭曲一種自然而正常的對中國「人」的關愛，台灣意識很可能已經從本來油然而生的族群感情硬化成一種意識型態——五十年了，我們對意識型態的陷阱還不夠認識嗎？健康的台灣意識應該使我們更自信；因爲自信而更包容、更開闊、更寬厚。如果台灣意識反而使台灣人更自閉、自戀、自大——只看見自己的成就，其實是極小的成就，而看不見他人的痛苦，那豈不是一個病態的台灣意識？

樂觀英雄倒下

第三個，魏京生是不是英雄？他當然是的。全世界都記得八九年那個穿白襯衫的年輕人，擋在一列坦克車前面；那個人的一剎那是魏京生的十八年。在一個威嚇利誘的體制裡，多少人爲虎作倀，多少人同流合污，多少人出賣背叛；魏京生用生命來堅持：在最黑暗的世界裡還得有是非的界線。

問題是，或許是一種對從前威權政治的反撲——威權政治總是製造大量的假英雄——我們現在處在一個嘲笑英雄的時代裡；社會好不容易承認一個英雄，爲的只是要看他倒下的那一刻，來證明這個世界沒有不被拆穿的英雄。魏京生的腳才踏上美國，人們已經預測：他完了。他會露出他的無知、他的無能、他的所有人格上的弱點，他會腐化，漸漸地被攻擊，最後被拋棄。一年來，中國人對他的攻訐果然沒有斷過。

魏京生是個英雄，因爲他「威武不能屈」，比我們大多數人堅強，但是除此之外，他很可能有許多缺點：十八年關在牢裡，不可能吸收知識，所以他的見解必定有限；他是個工人，學問基礎必定較淺薄；他不曾出過國，對國際認識可能有所偏頗；他對抗強權意志堅毅，表示同時他很可能是個不太容易受別人影響或聽取意見的人……但是誰說他不能有缺點？英雄不是完人，如果這個世界有所謂完人。奇怪的是人們一方面不相信有眞正的英雄，一方面卻又對英雄抱著完全虛妄的對待完人的期待。當這些虛妄的期待落空時，他們迫不及待地說：看呀，又一個假的英雄！

看見有血有肉的人

魏京生已經是一個眞的英雄。他已經付出了十八年的生命；你和我，誰還有權利對他要求什麼？批評他的人自己又付出了多少？台灣是一個自認爲懷有理想的社會，一個懷有理想的社會是不是可能正面地對待英雄？譬如魏京生，我們爲什麼不說：他也許見解有限，學問不足，對國際不夠認識，對台灣不夠瞭解；他也許剛愎自用，他也許將來會腐化，但是，他才從十八年的監牢裡出來，給他一點時間，讓他成長，讓他豐富。或許幾年之後，他不僅只是一個有道德力量的異議份子，他竟也是一個有領袖氣魄、有遠見有能力的大政治家。等到他真正「腐化」了再裁判他並不遲，但是，先給他一個機會。

尤其是對奴役與自由有切身體驗的台灣社會，爲什麼不能給魏京生最大的道義上的支持和鼓舞，僅僅是因爲，我們也曾被奴役過，而且還有被奴役的可能？

中共對我們最大的威脅，不是武力的，而是心理和精神的。時時處於對抗、競爭、自衛、防範的緊張狀態中，我們不但可能扭曲自己的中國觀、世界觀，也可能扭曲自己的人格，使我們困在種種新的對抗性質的意識型態中糾纏不清，越糾纏視野越窄；使我們看不見我們出發時所追求的最根本的價值：尊重那有血有肉的人。以色列的猶太人被廣大的阿拉伯「強敵」所包圍，所以是有名的精神上戴著防毒面具的民族。台灣人不能容許自己陷入這種深淵。一九九八年十二月二十一日，魏京生來到台灣。他不是中國共產黨，不是中國人、大陸人、北京人、本國人或外國人、台灣人或非台灣人，他是「人」，一個飽受國家機器摧殘而努力想避免別人受到同樣摧殘的受苦的「人」、勇敢的「人」，值得我們以溫暖、以眞情對待的「人」。這樣的溫暖，這樣的眞情，台灣社會其實豐富得很。

更何況，不要忘記，在一八九八年，正好一百年前，陳少白奉「流亡民運人士」孫中山之命來到台灣，籌款，尋求合作，成立台灣興中會。新的中國在十四年後成立。誰知道，也許一九九八年十二月的魏京生訪台，將來也是歷史的一段。
歡迎你，魏京生！

台灣有人權問題嗎？

——從聯合國人權憲章五十週年紀念說起

選擇的正義比沒有正義好

當台灣爲選舉如癡如狂的時候，外面的世界忙著另一件事：紀念聯合國人權憲章簽訂五十週年。紀念的方法是整年不斷的國際會議。來自各個國家、各個文化背景的哲學家、法律學者、社會政治學家和人權運動者聚集一堂，從奧斯陸到馬德里，從倫敦到布拉格，一次又一次地討論人權問題。人權問題究竟有什麼可討論的呢？天眞的人說，冷戰已結束、共產集團已解體，二十世紀末已是民主時代，人權不再是重要問題。憤世的人說，人權憲章只是紙上談兵；一九四八年簽訂之後它發揮了什麼作用？它保護了赤棉肆虐下的高棉人民嗎？它保護了文化大革命狂潮裡的中國人嗎？它制裁了幾個滿手鮮血的獨裁者？

人權憲章本身值得挑剔是必然的。暫且不提它哲學層面的種種辯論——基督教文化、伊斯蘭文化、佛教和儒家文化可不可能同意「一」套人權哲學，在實際施行上就困難重重。它是一個高道德指標，可是它的簽署過程是政治運作，鎖定在一個兩極矛盾上：個別主權國家，簽訂了憲章，意味著容許一個更高權力的干涉而削減了自己對自己人民的絕對主權。個別國家對它或抵制，或迂迴，或抗議，都影響憲章的實際效應。在十數條不同時期簽訂的人權法案中（見圖表），戰俘人道條款和兒童保護法案得到最多國家的共識，但是對於公民政治權利和反刑求法案，拒絕簽署的國家相當多。獨裁國家基本上就不會簽署這些條例以免自找麻煩。

另一方面，民主國家也有它自己的矛盾，譬如美國。去年七月的羅馬會議以一二〇比七票決議成立常設的國際刑事法庭，而美國拒絕簽署。由於美國軍人在聯合國派出各地的和平部隊中比例最大，美國擔心這個刑事法庭會被當地國利用來反制美國，於是提出要求：美國可以簽署，但前提是美國公民不受這個法庭的管轄。其他國家不願意給美國如此特權，刑事法庭的設立就停滯不前。將來即使正式通過了，缺少了超級大國的參與，這個國際刑事法庭難免作用有限。

人權憲章的簽定本身就受政治勢力的影響，在實際運作上就更難避免政治權力的扭曲。中國政府的人權迫害舉世皆知，但是聯合國不曾有過任何譴責決議，就是在一九八九年震動全世界的天安門屠殺之後，也沒有行動。原因呢？譴責不譴責，都得靠各個國家代表投票決議。中國政府用種種外交手腕——承諾經援、技術合作、市場交換——贏得不譴責的結果。小國古巴或者土耳其，就沒有這樣的待遇。所以聯合國人權憲章要確實行使極不容易，而即便確實行使了，行使的也只是有選擇的正義。

可是有選擇的正義，比起沒有正義，難道不是一個重要的進步？一九四八年的聯合國人權憲章沒有美國獨立宣言和法國大革命所揭櫫的理想那樣轟然一聲，世界為之變色。可是我們的世界確實變了。有這個憲章之前，國家主權被認為是至高無上的權威；一個政府有權力——不只是政治權力，還有道德權力——對它所統治的人民為所欲為，他人不可置喙。二次大戰的大屠殺、大滅絕，使世人得到兩個認識：第一，屠殺和滅絕不僅發生在對外的戰爭，也發生在同國同族之內，而且對內的殘暴往往更劇烈。第二，對自己人民暴虐的國家很容易成為他國的侵略者。

血流成河的世紀

幾千萬人的生命毀滅之後換來了這樣的認識，再以人權憲章具體表達出來。有了這個憲章之後，個別政府不再有「關起門來打狗」的權力。政府仍舊有武力，人民仍舊遭到屠殺監禁，但是人權憲章做到一點：道德上，這個政府是錯的，而且，國際社會有監督的權利。中國政府也許不曾受過聯合國的譴責，但是中國政府急切地用盡方法避免遭到譴責就顯現了人權憲章的份量。一九六六年就通過了的公民政治權利法案，中國政府在一九九八年十月才簽署，簽署了以後轉身就逮捕異議份子。沒用嗎？當然有用。終於簽署，表示這個政府不願自外於文明世界，表示它也承認，即便是被迫承認，文明的價值。國內的反對者，即使被逮捕，今後卻有了國際法的法律依據，至少得到了道義和精神的支持，不再孤單。

二十世紀是大屠殺的世紀；兩次大戰、猶太人的煤氣房、原子彈的屍橫遍野、文革的暴虐、古拉格的殘酷、波士尼亞的萬人塚，人類歷史上從不曾有過如此大規模的草菅人命的時代，科技文明的發達與嗜血殘殺的原始獸性成正比。我們淌著血流成河一路過來，到了二十世紀末，看見一個新的現象：曾經在波士尼亞戰爭中下令屠殺老百姓的指揮官被國際法庭判刑；智利獨裁皮諾切夫要為千千百百當年慘死在他政權下的人們受審。國際間逐漸有一個共識，就是每個人都得為他自己的所作所為負責，不能再躲藏在所謂「時代的悲劇」、「體制的犧牲者」種種抽象概念的掩護下感覺僥倖安全。

屠殺仍在進行。就是此刻，非洲的部落士兵拿著柴刀砍下老百姓的手和腳，包括女人和小孩；把六歲孩子的手臂按在突起的樹根上，活生生地切斷。一切只為了報復。人權憲章救不了這些正在受難的人，但是人權憲章本來就不是上帝——如果有上帝的話。人權憲章也不過就是人的良知在對抗人的獸性，是一種勢均力敵的拔河，是一種糾纏不已的掙扎。能夠寄望的是，多一個政治劊子手受到國際制裁，就少一個孩子的手臂被剁掉。

民主等於人權？

在民主國家裡，基本上不再有政治犯，人權的討論是不是多餘的呢？像台灣這樣新興的民主社會裡，人權是不是一個問題呢？

去年十二月初，聯合國在布拉格開了一個小型的國際會議，我是十五個被邀演講人之一。地點選在捷克當然有特殊意義：六八年的流血革命失敗，八九年的「絲絨」革命成功，捷克人民爭取人權的歷史向來備受矚目，更何況有哈維爾和昆德拉這樣響亮的名字廁身其中。曾經被壓迫的人們，曾經反抗壓迫的人們，獲得自由之後，是不是應該更懂得尊重別人的權利？

不見得。得到自由之後，自己掌握了權力，可能一轉身變成壓迫別人的人。在捷克這個新興民主國家裡，三十五萬吉普賽人成爲飽受欺凌的弱勢民族。共產黨時代，社會主義的意識型態強制性地保障了少數民族的基本權益。民主了以後，強制性的東西沒有了，「民意」當道，可是民意——也就是大多數人——對吉普賽人的風俗習性有強烈反感和輕蔑。這樣的民意就導致完全合法的種族歧視。一個小鎮居民甚至投票通過，在小鎮裡築起一道四米高的水泥牆，阻擋同鎮的吉普賽人過來。這個時候，當年在反抗強權時所大聲疾呼的人權、正義、公平等等，輕易地被忘記。

也就是說，民主制度不一定保障人權，因爲制度裡那行使權力的人不一定有充分的人權觀念。當人本身缺乏對人權的認識時，即使是民主制度也不過是幫助多數壓迫少數的合法工具而已。但是今天的台灣，有多少人關心民主制度的實質問題？

十二月的大選，幾乎像一個巨大的吸塵器，吸掉了所有的媒體和社會的注意力；相對之下，聯合國的人權憲章似乎與台灣沒有任何關係，人權在台灣的政治環境裡也不是議題。在許多人的觀念裡，所謂人權問題，在威權時代結束以後就不是問題了。

我倒認爲，人權問題才剛剛開始。

選舉，是手段，不是目的。如果手段消耗掉如此大量的社會資源，那麼還有多少社會資源、社會智慧，留給了選舉的目的呢？選舉的目的，或者說民主制度的目的，是使我們的社會更公平，更有普遍正義，也就是說，讓更多的人享有人權。台灣的人權在哪一個水平上呢？原住民是否已經在法律上和實質上完全與漢人平等？外籍配偶及子女是否享有公平的權利與義務？成千上萬的外籍勞工受到如何廣泛的虐待又得到什麼程度的保護？台灣政府對大陸新娘和所生子女的處理方式合不合乎台灣人民對自己的道德要求？台商在大陸和東南亞投資設廠，對當地雇工的某些嚴酷待遇是否能讓文明的台灣人接受？獨居老人屍體被野狗吃掉、稚齡的孩子因凌虐死亡、榮民因無法適應仁愛之家的環境而自殺或殺人、警察飲彈自戕、服役軍人莫名所以的死亡、精神病患被鐵鍊鎖上二十年……哪一件不是人權的問題？

台灣沒有人權問題？事實上，威權政治結束之後，台灣人才開始有機會反省自己，因爲這個時候，必須接受監督和批判的不是某一個獨裁或籠統的政府，而是人民自己。得到了權力的人，對比自己弱小的人公平嗎？對自己不喜歡、甚至輕視的人，能尊重嗎？對與自己立場相敵對的人，能保障他的權益嗎？對縮在角落裡自生自滅的人，我們看得見嗎？對多數人的暴力，我們在乎嗎？我們所選出來的政治人物，對人權是否有深刻的認識？如果沒有，他就只會不斷地追求權力，種種訴求都是風來風去的手段。如果他有，他就知道，人權是唯一把社會帶向公平和正義的道德力量。缺少這個道德力量，任何民主制度都是空的，選舉也只是輕浮的遊戲而已。

附錄：建構與規範人權的重要協議

一九四五年六月	聯合國憲章
一九四六年六月	聯合國人權委員會
一九四八年十二月	反種族滅絕公約／世界人權宣言
一九四九年八月	日內瓦公約／規範如何對待戰時傷者、戰俘與平民
一九五〇年十一月	歐洲人權公約
一九五一年七月	與難民資格有關的公約
一九五二年十二月	女性從政權公約
一九五四年九月	與無國籍人士資格有關的公約
一九五六年九月	廢除奴隸制度公約
一九五七年六月	國際勞工組織制定廢除強迫勞動的公約
一九六五年十二月	廢除種族歧視公約
一九六六年十二月	經濟、社會、文化權／民權、政治權公約

一九七三年十一月	反種族隔離政策公約
一九七七年六月	在日內瓦公約增列兩個議定書
一九七九年十二月	消除對女性所有型態之歧視公約
一九八四年十二月	反刑求公約
一九八九年十一月	兒童權公約
一九九三年五月	成立前南斯拉夫國際戰犯法庭
一九九四年十一月	成立盧安達國際戰犯法庭
一九九八年七月	聯合國大會同意成立常設的國際戰犯法庭條約

八〇年代這樣走過

——屢見閣下大作針砭目前紊亂之社會現象，每次閱畢皆熱淚盈眶，未能自已。

——我把報紙文章給孩子看，他說要影印起來，想貼到班上去又說不敢，怕訓導處，我們一直活在怕怕中。

——不瞞您說，我也想離開台灣。我敢預言中國將是被淘汰的民族，不是亡於他人，而是死於自己手中的繩子，真的，真的。

——「紅色恐懼症」是我們國民心理上的不治沉疴，也像黑死病一樣，人人怕傳染。

——目前您知名度够，「有關方面」不敢輕舉妄動，但是千萬要小心：開車、走路，上街，都得注意，留心提防「凶神惡煞」殺出來。我想您是明白我心意的。

——您的書及《中國時報》在我們單位算是被禁掉了。雖然我不贊同這個作法，但軍隊之所以構成，就是必須懂得服從命令。《中國時報》被禁是因爲《野火集》的文章。這是一份政戰部門所下的文，屬於「密件」。

——你可知道在邦交斷絕、外貿疲弱、地小人多、工商不發達的海島台灣，升斗小民是怎麼求生的？你可知道政府只管收稅，不管失業救濟，勞動法令殘缺，勞工受傷，勞工被解雇，找不到工作，是如何解決每日開門七件事的？你可知道礦災工人死亡，成爲植物人，政府及勞保給付如杯水車薪，民間捐款被台北縣政府留下一半，礦工子女是如何過活的？

——你是民族的叛徒！中華民國萬歲！中華民國萬歲！

只是昨天

一九八五年十二月，是個冷得不尋常的冬天。我在台安醫院待產，從病床望出窗外，天空有一種特別清澈乾淨的深藍。

《野火集》出現在書店和路邊書攤上。二十一天內印了二十四刷。放到我手中的書，因爲壓的時間不夠，封面還向上翹起。四個月之後，十萬本已經賣出。

國民黨的報刊開始了幾乎每日一篇的攻擊。

沒有了國民黨領導的政府，誰也活不下去了。就連想「鬧事」的野火，到時也只有噤若寒蟬，否則就逃不過被鬥被宰的結局！

我們必須嚴正召告世人，今日生活在台灣以台北爲主導的中國人，政治制度、社會結構、國風民俗容或有缺失，但絕對健康，絕無梅毒惡瘡，能愛也能被愛，只有像龍應台這類××××……帶原體，我們有權也有責任，公開唾棄她。

來自黨外陣營的批判則有另外一個基調：

龍應台責備讀者「你們爲什麼不生氣？不行動？」她不知道（或是故意忽略）……是什麼體制使他們變成那種「令人生氣」的樣子？龍應台叫人們向絕大多數終生不改選的立委施「民意」壓力，這不是笑話嗎？

……任何個人主義的反抗原本就是無效的……龍應台顯然沒有認識到這一點。她繼續秉持個人主義與美式自由，終於也不得不碰到最後的關卡：那封閉、壓制、迫害個人自由最深的，不是別的，正是政治……終於她開始攻擊這政治力量，而且，就像以往的例子一樣，遭到封殺。

……然而爲什麼五○年代有《自由中國》，六○年代有《文星》，七○年代有《大學雜誌》，而八〇年代卻只有一個龍應台呢？這是否意味著自由主義的沒落呢？

對國民黨所發動的謾罵恐嚇，我不曾回應過一個字，因爲不屑。對黨外的批判，也不曾有過一句的辯解，因爲投鼠忌器：我不能讓等著消滅我的人知道我的寫作策略。

十三年過去了。台灣社會在十三年中脫胎換骨，不錯，眞正脫胎換骨了，只是換出來的體質面貌和十三年前竟仍然如此相似，令人詫異不已。

一九八五年三月何懷碩寫著：

> 最近「江南」案與「十信」案，如狂風惡雨，幾乎使社會一切停擺……一位對此一連串事件亦曾參與決策的官員沉痛地指出：「什麼叫做落後國家？差不多就是像我們這個樣子。」交通混亂、空氣污染、生態破壞、奸商詐欺、治安不寧、貪污腐化……。

一九九七年八月二十日《中國時報》社論寫著：

> 馬祖空難、温妮風災、街道巷戰，一個又一個觸目驚心的畫面，一條又一條無辜性命的喪失……災難和治安已達到了超越常理的地步，眞正反映的是整個國家機器陷入半

癱瘓狀態。

於是當我想爲八〇年代的「野火現象」寫下一點小小的歷史見證的時候，一點兒也不覺得是白頭宮女在話天寶遺事，恍如隔世；倒覺得八〇年代就是太近的昨天。

這樣走過

曾經用過一個老式瓦斯烤箱。瓦斯漏氣，氣體瀰滿箱內。我在不知道的情況下，點燃了一支火柴，彎身打開箱門。

「澎」一聲：不，沒有爆炸。只是一團火氣向我臉上撲來，一陣炙熱，我眉髮已焦。

一九八四年的台灣是一個「悶」著的瓦斯烤箱，〈中國人你爲什麼不生氣〉是一支無心的火柴。

我的社會教育開始了。激動的讀者來信對我攤開了台灣社會長久遮掩的不癒傷口。一個不公的體制壓著人民，能夠長久地壓著因爲它有一個人生哲學的托持：逆來順受、明哲保身的人生哲學。看穿了體制不公的人知道事不可爲而轉向冷漠；不曾看穿的人則早被教育了忍耐是美德、忍受是義務。但是悶啊，這是一個有冤無處申、痛苦無處喊的社會。

江南的政治謀殺、十信的金錢詐欺、毒玉米的食品污染都是動搖「國本」的看得見的嚴重事件，但是在看不見的地方，小市民的個人悲劇和委屈在自生自滅。

一九八四年，學校老師可以在課堂上被「有關單位」帶走問話。台北市立美術館的展出作品可以因爲「密告」有紅色嫌疑而被塗改。在軍中服役的預備軍官可以被打、被殺、失踪，而遭到消息封鎖。機車騎士可以掉進政府施工單位所挖的坑，死亡而得不到賠償。

一九八四年，國際人權組織說，台灣有一百八十七次取締言論事件。

不敢發出的聲音、無處傾吐的痛苦，大量地湧向一個看起來代表正義的作家案頭。黨外刊物在地下流竄，在邊緣游走，在少數人中傳閱。大多數的小市民不看、不敢看或不願看或看不到。黨外刊物的鬥爭意識使習慣安定、害怕動盪的小市民心存疑懼。「野火」的系列文章是許多人生平第一次在主流媒體上看見不轉彎抹角的批判文字。文字雖然注滿感染力與煽動性，但是它超越黨派、不涉權力的性格又使人「放心」。感性文字中蘊藏著最直接的批判，人心爲之沸騰。

不只是悶著的小市民，還有那已經悶「壞」了的小市民。我收到非常多精神病患的來信。通常信寫得特別長，來信頻率特別高，三兩天就一封，而且鍥而不捨。所有的患者都有一個共同的症狀：政治迫害妄想。歪歪扭扭的文字敘述被國民黨跟踪、竊聽、盜郵、陷害、茶中下毒、飯中下藥的過程。有一個人長期給我寫信談國家大事（他也長期給雷根總統和教皇寫信）。有一天在報上讀到他的名字；他因爲在街頭散發「反政府言論」而被逮捕。患者多半是大學生。他們的病不見得是極權統治所引起，但是國民黨的極權統治深深控制著他們僅有的思維，使他們動彈不得。

在〈中國人你爲什麼不生氣〉裡，許多人看見希望；冷漠的人被感動了，忍受的人被激勵了。而我，卻不再天眞爛漫。眉髮焦赤的同時，我已經發現這個烤箱不是單純的洩氣，它有根本的結構問題。

我開始了策略性的寫作，從〈難局〉一文出發。

心底有一個最重要的目標：如何能推到言論箝制最危險的邊緣，卻又留在影響最大的主流媒體中？多少前輩都是從最大的《中國時報》寫到較小的《自立晚報》寫到常常被禁的黨外刊物，然後就徹底消失。我淸楚地知道我要留在主流媒體中做最大的「顚覆」，做最紅的蘋果核心裡的一條蛀蟲。

副刊主編金恆煒說：「你放手寫，心裡不要任何警總。尺度的問題我們來處理。」可是，我怎麼可能心中沒有警總？江南才剛被殺，屍骨未寒呢。我的父親爲了我老做惡夢；告訴我他當年如何看見人在半夜被國民黨特務用蔴袋罩住沉下大海，失蹤的人不計其數。我的命運使他憂慮；他知道我沒有外國護照。

於是在生活上，我保持低調。一方面爲了存留寫作生命，一方面也不屑於做大衆文化鬧哄哄寵出來的英雄。我不接受採訪、不上電視、不演講、不公開露面。當然，更不能與反對人士來往。極長的一段時間裡，讀者不知道「野火」作者是個女人。一篇篇文章，在孤獨的沉思中寫成。

在寫作上，我知道我不能直接攻擊體制，如此起彼落的黨外刊物所爲。能夠討論和批判的是環境、治安、教育種種社會問題。然而在那個極權體制下，任何能思考的人都會發現：所有的社會問題最後都無可逃避地植因於政治，這，卻是我不能寫出的。

其實亦不必寫出。如果一個人有獨立思考的能力，他會自己看出問題的最後癥結，找到自己的答案。我也確信那個不公的體制得以存在，是因爲個人允許它存在；比體制更根本的問題，在於個人。

所以「野火」的每一篇文章，不管是〈幼稚園大學〉或〈台灣是誰的家〉，都將最終責任指向個人，也就是小市民自己。

黨外刊物因此指責我「只打蒼蠅，不打老虎」，或者看不見問題的要害。我無法說明：是策略，所以不直接打「老虎」；是信念，因爲我確實認爲「蒼蠅」責任重大，比「老虎」還大。

我寫著最煽動的文字，批判的層次也逐漸升高。報社爲我承受了許多「有關單位」的「關懷」電話，但是當我將美術館館長比作政戰官的時候，編輯也擋不住了。政戰部早已下過公文禁止軍中讀「野火」專欄和《中國時報》。現在政戰部主任許歷農將軍要請我吃飯。

許將軍溫文爾雅，謙和中不失銳利。席間不知什麼人建議我該稱他爲「許伯伯」，我笑了笑，沒接腔。他看起來還眞是個我覺得親切可愛又風度翩翩的外省長輩，但是各在各的崗位上，不得不針鋒相對。「你的文章，」他說，「是禍國殃民的。」

我心裡同意他的說法，如果「國」和「民」，指的是國民黨的一黨江山。

宴請結束之後，寫了〈歐威爾的台灣〉：

> ……言論控制的目的在哪裡？手段是否合適？效果如何？最重要的，究竟有沒有控制的必要？控制思想有什麼嚴重的後果？合不合台灣現狀與未來的需求？

這一篇文章終於上不了報紙，只好偷偷混在其他文章裡一併出了書。

國民黨文工會問我願不願意「見官」。哪個「官」？我問。文工會主任宋楚瑜先生，十三年後的台灣省主席。

宋先生和夫人和我，在來來飯店一個小房間裡用餐。夫妻倆態度自然，言談誠懇，沒有一絲官僚氣。我們交換了些對國家大事的看法，發現彼此的理念認知差距並不太大。

教育部問我願不願意與部長一談。在李煥部長的辦公室裡，我對他陳述我對台灣軍訓教育的看法：軍和黨應該徹底離開校園。李部長極謙遜，專心地聆聽，並且作了筆記。

《野火集》出書之後，專欄停止了一段時間；八六年底，我離開台灣。流傳的說法是，「野火」終於被「封殺」，而我被「驅逐出境」。事實上，出境是由於家庭因素，「野火」停止，則是因爲我在專心地哺乳育兒。「野火」承受相當大的壓力及被查禁的風險，但並未被「封殺」。

四個月內十萬本，使封殺查禁在技術上不太可能，固然是一個原因，但是和國民黨主事者本身的素質也許不無關係。許歷農、宋楚瑜、李煥，雖然都在維護一個千瘡百孔的體制，本身卻畢竟是思維複雜、閱歷成熟的政治人物，看得出「野火」所傳達的社會大潮走向。他們並沒有訴諸野蠻的權力去抵制這個走向。

這些人，在一九八五年代表著台灣政治的主流。在十年後全變成了所謂非主流，退居權力邊緣。但是取代了他們的新主流，九〇年代的政治主流，面目之可憎竟超過了八〇年代的想像。

八七年，解嚴。台灣人終於贏得了「免於恐懼的自由」。只是在政治恐懼之外還有許多其他種類的恐懼，在九〇年代一一浮現。

八八年春，《野火集》在大陸風行。大學生覺得那些文字竟像是專爲大陸而寫的。

八八年秋，我到莫斯科採訪。改革開放正在動搖蘇聯的「國本」，但克格柏仍舊監視著我的行踪，任何外國作家和記者的行踪。戈巴契夫的智庫機構試圖和台灣有所接觸，我受託將訊息轉給總統府；李登輝總統答覆：時機尙未成熟。沈昌煥外交部長則公開對媒體重申反共抗俄的必要，在中常會中對我主張重新認識蘇聯、接觸蘇聯的文章大爲光火。

八九年五月，我在北京看中國學生靜坐，聽他們年輕的激越的聲音。六月，槍聲響起。八九年十月，莫斯科有萬人遊行，東德有百萬人遊行。風中帛帛作響的旗幟上，俄文的和德文的，寫著：「我們不要天安門重演。」

八〇年代，我從台北走到北京，再從草斯科走到東柏林的大街上，秋色蕭蕭，已是年代末了。我看見作家在對群衆演說，群衆在對天空吶喊，天空漠然，下起了冷雨，雨水沖洗著人們臉上悲憤激情的淚水。

那是一個最壞也最好的時代、最黑暗也最光明的時代。因爲黑暗，所以人們充滿了追求光明的力氣和反抗黑暗的激情，而且在黑白分明的時代，奮鬥的目標多麼明確啊。力氣、激情、目標明確——八〇年代是理想主義風起雲湧的時代。只有在得到「光明」之後，在「光明」中面對自我的黑暗，發現那黑暗更深不可測，我們才進入了疑慮不安的九〇年代，世紀之末。

任何人，都可以墮落

我們，都老了十來歲。

手邊保留了五十封當年「野火」的讀者來信。那個十七歲的中學生，噙著眼淚寫：「I fight authority; authority always wins」（我反抗權威，權威總是贏），現在怎麼看這世界？那個在軍校裡半夜被打成重傷無處申訴的師大畢業生，現在是否活得健康？那被憲兵逮捕的精神病患者現在幻想被什麼人迫害？住在淡水山坡地上、暴雨砂石將房子裂成兩半的家庭主婦，現在過著什麼樣的生活？

當年寫「野火」慷慨激昂、認爲「所有的社會問題最後都無可逃避地植因於政治」的作家，現在承認些什麼又學到了些什麼？

我承認，政治不是所有問題的根源。只不過在八〇年代的極權體制裡，政治霸佔了一切生活領域，因此也遮蓋了某些更深層的問題，譬如文化。

國民黨經過一場「木馬屠城」的大換血遊戲，已經不是八〇年代那個任特務橫行的政黨；它是一個有眞正民意基礎的民主政黨了。民進黨也不是八〇年代那飽受壓迫的政治異端，而是具有充分制衡力量甚至即將取而代之的在野黨了。八〇年代我們所夢寐以求的民主制度已經實現了，那麼要以什麼來解釋新國民黨的黨內專制和民進黨的權力欲望？民主議會以合法方式爲自己謀私利的行徑植因何處？選舉出來的民意代表有三分之一帶犯罪前科，又說明了什麼？

於是卡爾・波普在一九五四年的演講對我有了新的意義：

……制度，如果沒有傳統的支持，往往適得其反。譬如說，議會裡的反對黨本來應該是防止多數黨偷竊納稅人的錢的，但是我記得一個東南歐國家的例子；在那裡，反對黨和多數黨一起坐地分贓。總而言之，能夠讓制度達到個人期待的，最終必須是傳統文化的支撐。

顯然，反對黨和多數黨坐地分贓的不只是咱們台灣人。但是波普一直強調的傳統文化——使民主制度落實可行的傳統文化，在台灣的歷史環境裡非但不是一個可以補充民主制度的力量，反而是一個必須克服的障礙。政論家批評李登輝專斷，可是他的專斷難道不是圍繞著他的人的順服所養出來的？這些人對主子的順服裡頭又揉雜了多少傳統文化的線索？

獨裁體制沒有了，而黨主席在黨內依舊可以一言專斷，而議會依舊可以拿公款「自肥」，這時候雲消霧散，問題的眞正癥結才暴露出來：是文化，不是政治。

文化又是什麼意思？無非是一個群體中個人的價值觀和行爲體現吧。走過紛紛擾擾的十年，發現的竟是：只要有權力的誘惑，任何人都可以墮落。這當然包括，或者說，尤其包括，八〇年代理想主義的英雄們。

十三年前，「野火」的作者相信「比體制更根本的問題，在於個人」；十三年後，她仍這麼看嗎？

解放竟是過程

當極權體制瓦解了，還有什麼東西壓迫著個人呢？從什麼解放出來，向什麼爭取權利？八〇年代，這些都不是問題。個人面對著強悍的體制，像瘦小的大衛仰望巨人。只有在巨人倒下之後，大衛才赫然面對了自己和自己的夥伴們。

夥伴們的意見就叫做「民意」。九〇年代，民意以鋪天蓋地的氣勢主宰社會，透過報紙雜誌、廣播和電視，塑造新的價值標準。「政治正確」是它一件剪裁得體的西裝。于右任的銅像被拆走，換上庸俗不堪的炫目花燈；但是沒有人敢站出來說炫目花燈庸俗不堪而于右任的書法和當年辦教育的理念值得尊敬。花燈，代表新興大衆，不管怎麼庸俗醜陋；于右任銅像，代表要打倒的國民黨舊秩序，不管它是不是有更深遠的意義。反對民意，就是反民主。

但是在民意當權的時候，竟也有人這麼說：

獨立的個人迷失在群體中。在政治上民意掌控這個世界。唯一有權力的就是大衆和那以執行大衆意向與直覺爲宗旨的政府，在道德領域、人際關係、公共政策上，率皆如此。……這個大衆並不向他們的……菁英或書本求取意見；他們的意見來自他們的同類，以大衆爲名義，透過報紙，草率形成。

也就是說，民意可能惡質化成一種多數的、平庸者的暴力，限制個人的發展，所以——

當集平庸之大成而形成的民意越來越是社會主流的時候，制衡這個趨勢就得讓更多的思想頂尖的個人出頭……一個社會中特立獨行的人越多，天份、才氣、道德勇氣就越多。

也就是說，個人要從民意的強大束縛中解放出來，要向民意的平庸統治爭取不同流俗的權利。極權瓦解之後，壓迫著個人的是無數個個人所結成的集體，「民意」。

說這話的可不是什麼八〇年代歷盡滄桑的英雄，而是英國的政治哲學家小米爾，寫在他的經典之作《論自由》裡，發表於一八五九年。

在一八五九年，他警告英國同胞：如果維多利亞朝的英國人不抵抗民意的專制、不鼓勵個人的獨立發展，那麼他們最可悲的下場將是：變成另一個中國，一八五九年的停滯不前的中國。而中國之所以停滯不前，是因爲那個國家只知道群體的齊一，不知道個人超越卓群的重要。

不，我識見短淺，閱歷有限。八〇年代中完全沒有想到，或者說也沒有時間想到小米爾在一百三十年前提出的問題。現在，對於嚴復把《論自由》譯爲《群己權界論》所表達的對「自由」被無限擴張的不安，我開始有了新的體會。梁啓超在七十年前說過的話，更令我驚詫其早熟：

……豈獨軍閥財閥的專橫可憎可恨，就是工團的同盟抵抗乃至社會革命還不是同一種強權作用！不過從前強權，在那一班少數人手裡，往後的強權，移在這一班多數人手裡罷了。

難道說，解放竟是一個永無休止的過程？難道說，如前人已陳述，解放不等於自由，因爲得到了某一種自由之後勢必要出現另一種不自由，需要更進一層的解放？於是我想起哲學家德沃根所提出的「背景理據」（background justification）。爭取什麼權利要看當時當地的「背景」作爲「理據」。譬如近代西方社會的組織及法律原則多根據效益主義（utilitarianism）而形成，那麼在這個社會中所謂爭取權利就是爭取反對效益主義的權利。換一個時間空間，爭取什麼權利要看當時當地的「背景理據」是什麼。

八〇年代的「背景理據」是國民黨的一黨專政，我們追求的權利是反對一黨專政，以民意取代獨裁。九〇年代的「背景理據」就不同了，它變成膚淺民意的無所不在。九〇年代必須爭取的權利也就變成如何洞察民意的虛實眞僞、如何保護少數的不受侵害和腐蝕、如何保障眞正意義的自由了。

解放，竟然沒有止境。

比較起來，八〇年代的「奮鬥」雖然冒著坐牢的危險，人們的心情是自信而輕鬆的。極權體制是那麼大一個目標，打垮它只需要些英雄氣概。九〇年代看起來平庸而安靜，可人心惶惶不安，首先就鬧不清敵人究竟是誰。在八〇年代，貪污腐敗、火燒水災死人，都可以怪國民黨；在九〇年代，官商勾結、黑道橫行、火燒水災照樣死人，卻不知要怪誰？政府由小市民自己投票組成；如果還有什麼要被打倒，那最該被打倒的，竟是小市民自己的種種弱點。當政治責任由獨裁政體轉到個人肩上時，個人頓時發現了自己體質的虛弱。

來自黑暗

發現個人體質虛弱的，當然不只是解嚴後的台灣人。經過納粹統治和共黨政權的德國人一次又一次地發現國家權力如何可以輕而易舉地吃掉個人，到今天還在討論自由的危機。解體後的俄羅斯人和東歐人眼看舊權威崩潰而新秩序無從建立，叢林的掠奪原則得以盛行。個人體質相對結實的，全世界也不過英法美少數國家，而他們已經花了兩百多年的時間在培養個人體質。

個人，當他是反對者的時候，他不被捕殺就是聖潔的英雄。當他不再是反對者，嚴酷的測驗就來了：他是否能抵擋權力腐化，他是否能承擔責任，他是否能容忍異己。一九一一年的國民黨、一九四九年的共產黨，都在測驗中暴露了自己的本質：那打破了專制的英雄們竟是無數個專制的個人。個人，才是黑暗的眞正來源。

一九八七年在台灣發生的寧靜革命不是哪一個黨的革命，而是眞正的全民運動，人民把權力索了回來。在綿長的中國歷史上，這是青天霹靂第一回，不能不使人屏息靜氣，想看個分明：這人民正在接受測驗，他是否能愼用權力？他是否能承擔責任？他是否能容忍異己？

不知道，測驗正在進行中。但是當我想到，在一九三五年，蔣廷黻和丁文江都斬釘截鐵地認為「民主政治在中國今日不可能的程度遠在獨裁政治之上」，理由之一就是「中華民國的人民百分之八十或七十五以上是不識字的」，我就明白我們現在用的是多麼高的標準在要求、在衡量台灣的人民。半個世紀的路雖然曲折，沒有白走。

如果說，扛在個人肩上的重擔使人步履不穩、心中不安，或者說，消毒隔離病房走出來的個人現在面對各種病菌侵襲而適應不良，他是否願意回到原來安全控制的消毒房裡去過日子呢？

碰見一個愛說話的計程車司機，從和平東路開始抨擊政府和財團一直抨擊到圓山飯店。「那麼，」我下車時問他，「還是蔣家政權好囉，你這麼說。」

他用力地搖頭，「當然不是。以前的特權是合法化體制化的，合法體制到你根本不知道它是特權。現在是個人行為，而且你知道它是非法的。差別可大了。」

司機說話，充滿自信。

胡適在二〇年代說，必得先下水才能學會游泳；自信的司機使我相信，必得離開消毒病房才能建立自己的免疫能力。自由主義不自由主義，只有檢驗才是唯一的眞理吧。

夢想光明

走過台灣的八〇年代，不能不是一個徹底的個人主義者，繼續夢想光明，面對個人最深邃的黑暗。不眨眼。

一九九七年九月初稿
一九九八年七月定稿

輯三

石獅子的原鄉

從石獅子出發

一

獅子總見過吧？

廟前的石頭獅子，咧開的大嘴裡含著一粒石球，孩子的小手伸進去可以撥動。母獅子腳爪下玩著一隻四腳朝天的乳獅，洋溢著嬉戲歡樂。年節慶典裡的獅子，披著一頭鬈髮，睜著一對大眼，在鑼鼓陣中且舞且逗，憨態可掬。

少年時曾經和一個天眞的西方人經過這樣一個廟前。他摸著石獅問道：「這是個什麼動物？」

我吃了一驚，「獅子！沒見過呀？」

他吃了一驚，「獅子？這是獅子？」

隔著一座安靜的石獅，我們驚訝地望著對方，爲彼此的驚訝而驚訝。什麼地方出了錯了？「道行之而成，物謂之而然」的道理我已懂得，那麼出問題的是「物」，還是給予物「謂之」的「名」？

多年之後，在德國一個開滿了野花的農莊裡讀晚清文章，讀到一個十九世紀的中國讀書人描寫他所見到的獅子：

> 丙午夏四月，余偶客於滬，適馬戲至，遂往觀之。戲所在虹口，結竹爲屋……虎猶可見之物，獅則不恆見，其首類犬，色黃微黑，毛蒙茸覆面，項以下毿毿披拂。後半全類牛，惟尾端稍大，蓋與圖畫相傳五色爛斑者，殊不類。

頭像狗，身體像牛；初識眞獅子的讀書人顯然意外極了：這哪是他所熟悉的獅子模樣？如果所見是個石雕，他就有權利懷疑這犬首牛身是否扭曲了獅子原型；或許廟前那鬈髮大眼的石獅才是寫實。但是他見到的是一隻活生生的獅子，告訴他那「五色爛斑者」不是眞象。

中國沒有活生生的獅子，所以廟前畫裡、鑼鼓陣中的獅子是走了樣的獅子。然而走了樣的獅子並不是謊言，因爲它是圖騰，既是圖騰，當然就無所謂走樣不走樣，畢竟「有自也而可，有自也而不可，有自也而然，有自也而不然」，不能以謊言不謊言去衡量、去理解。中國的獅子和龍，和麒麟一樣，載滿了一個民族的文化想像，尤其是對不存在於本土的陌生的事物的想像。而在任何對「他者」的想像裡，都隱藏著一層又一層的對「自己」的投射。

我不滿足於想像，不管那想像多麼悲壯美麗、多麼大義凜然。古人告訴我：要「讀萬卷書」，可是，古人不能告訴我那萬卷書裡有多少是想像、多少是謊言。所以我「行萬里路」。到最後，鞋子走破了，頭髮走白了，也不過是從廟前的石獅子出發，安靜地出發，去尋找去認識那活生生的眞獅子。看見眞獅子之後才知道石獅子是怎麼一回事，也才逐漸地明白：圖騰、謊言、眞象，雖然互為表裡，卻也有著不容否認不可忽視的差別。

你肯定見過獅子，但是你見到的是哪一層意義上的獅子，我可不知道。

二

曾經跟孩子們講過這樣一個童話。一隻心高氣傲的小獅子聽說人是最壞的動物，於是出發去找人，想給人一番教訓。

路上碰見的第一個動物有長臉大耳短腿——四條腿。「你是人嗎？」獅子大聲吼著，樹林的葉子紛紛抖落。

長臉大耳短腿的動物垂下頭，滿嘴白沫口齒不清地說明自己是一頭驢子，一頭倒楣的驢子，被人餓了三天之後還差點打斷了腿，現在叛逃了出來。「人是最壞的動物，」牠控訴。

小獅子要爲驢子復仇，於是一前一後結伴同行。緊接著碰到的動物背上有一個巨大的腫塊。「你是人嗎？」獅子大聲吼著，震落了樹林的葉子。

背著腫塊的動物聲淚俱下，它當然不是人，它被人凌虐得奄奄一息。「那兒連撒尿的自由都不給，」駱駝憤憤地說，翻起它的嘴唇，「人是最壞的動物。」

最後終於碰到了一個用兩條腿直立而行的動物，吹著口哨。驢子和駱駝已經嚇得哆嗦，躲到樹叢裡去了。獅子大吼一聲，「你是人嗎？」葉子落了一地。

那兩條腿的動物不慌不忙地說，我是個「木匠。」

「哦，不是人。」小獅子有點兒洩氣了，但還是問了一句，「木匠能追兔子嗎？」

木匠說，他不會追兔子，但是能做擋風擋雨的房子，如果獅子願意，他可以馬上做一個送給牠。小獅子驕傲地點點頭。木匠卸下背上的工具箱，乒乒乓乓敲打起來，不一會兒就製成了一個長方形的大木箱。他對小獅子說，「得量身材，請跳進去試試。」

獅子一躍而入。

木匠說，「趴下來，把尾巴也收進去。我要試試蓋子密不密、透不透氣。」

獅子趴下，將尾巴收進箱裡。

木匠將蓋子蓋上，四周敲下釘子，敲得乒乒乓乓的，很用力氣。

那木箱子果眞蓋得極嚴密卻又透氣；木匠把木箱連同獅子賣給了馬戲團。

驢子和駱駝在一旁看得目瞪口呆。要決定何去何從了，驢子說，「其實跟人在一起，有水喝有料吃，雖然不自由，日子還是能過的。」

駱駝說，「那些叛逃在外的也不是什麼好東西，咱們還是跟人走吧。」

木匠就把工具箱綁在駱駝背上，騎上驢子，得意洋洋地上路了，吹著口哨。

我猜想，那馬戲團和獅子後來輾轉到了上海，讓我們的讀書人撞見了。

三

有點兒鬱卒。每次在中國大陸出書都不得不說明：這本書的文字經過刪減，有些文字則根本全篇撤下，不留痕跡。如果沒有朋友的努力，刪得可能更多。也就是說，這書也是個石頭做的石獅子，你聽不見它的吼聲，使葉子震動而簌簌落下。

但是自己的時代，自己明白。圖騰、謊言、眞象，如何識破，如何釐清，是每個人自己的事。

一九九八年八月二日

附註：這篇文字是《這個動盪的世界》的序文，由廣東汕頭大學出版社在北京出版。

對公共廁所的研究

一腳踩進去，大吃一驚，馬上想回頭就走，但是偌大的黃土高原上，到哪兒再去找一個廁所？於是猶豫不決地就站在那兒打量。

沒門的廁所不是沒見過，但是眼前這個結構嘛，非但沒門，在坑與坑之間只有一堵矮牆，也就是說，蹲著的人一偏頭就可以看過去一排人頭，當然都屬於別的正蹲著的人。若是不偏頭直視前方，就得準備隨時和那進進出出的人打個照面……當然是人家站著你蹲著，人家穿著衣服你半裸著，人家從高處俯看正在用力的你。哎，越想越是全身起雞皮疙瘩。怎麼辦呢？

只好面對著牆壁，低下頭來。至少在三面牆的環護之下，有被掩蔽的錯覺；而且也避免和別人四眼相對。我像一隻縮頭縮尾的病鴕鳥蹲在那兒。然後就聽見有人走進來；是新加坡來的作家。她叫了一聲「哎呀！」就停在那兒不動。過了一會兒，發現了我，遂也走了過來，默默地作了我的鄰居。

在我們離開時，看見另外兩個坑上也已有了人；兩位來自河北的作家，正蹲著聊天。那兩個人是把背對著牆壁，臉向外蹲著的。這時候我們才知道，我們兩個海外人蹲錯了方向！「可是，爲什麼臉朝外呢？」我們邊走邊研究，那坑的結構極簡單，沒有什麼非要人朝外的科學理由；那麼，「難道我們的鴕鳥心理這兒的人沒有嗎？」恰好一個上海朋友走過來，我們問他，他露出聽天方夜譚不可思議的表情說，「那當然臉朝外啦！否則豈不是把光光的後面給別人看嗎？」

新加坡人反駁得也快，「沒道理呀！依照這個邏輯，那麼臉朝外，豈不是把光光的前面給人看了嗎？」出來遊山玩水的作家們亂烘烘笑一陣，這個不怎麼適合紳士淑女的笑話也就過去了。

但是對我這個喜歡對文化現象胡思亂想的人卻沒有過去；在笑話的裡層一定有一個文化的合理解釋，一定有的。

離開西安，回到我寧靜的書房裡，終於可以把一路上朋友的贈書好好讀讀了。首先就要看西安的作家怎麼寫西安。賈平凹的〈西安這座城〉寫得深情款款，突然有幾句話揪住了我的眼睛：「你不敢輕視了靜坐於酒館一角獨飲的老翁或巷頭鷄皮鶴首的老嫗，他們說不定就是身懷絕技的奇才異人。清晨的菜市場上，你會見到手托著豆腐，三個兩個地立在那裡談論著國內的新聞，去公共廁所蹲坑，你也會聽到最及時的關於聯合國的一次會議的內容……」

有意思了！他把酒館、巷頭、菜市場與公共廁所並列起來，顯然表示公共廁所是一個現代的所謂「公共空間」——和今天的酒吧、廣場、演講廳，從前的水井邊、大廟口、澡堂和菜樓一樣，是市民交換意見、形成輿論的場所。在西方，一般家家戶戶都有自用的衛生設備；馬路邊的公共廁所不為居民所設，使用者是眞正內急的過路人。過路人互不相識，解完手繼續上路，沒有在廁所裡說三道四的欲望和必要。廁所只有機械功能而不具社交功能。在這種情況下，各人關起門來辦各人的事兒最簡單便捷，誰也不打擾誰。門，是必要的。

可是當公共廁所是相屬某一個社區的設施時，它不可避免地就擔負起交流的任務。都是街坊鄰居，在廁所裡碰面能不聊幾句嗎？若是和暖的春天，人們可以在村子裡頭大樹下邊抽菸邊談話；若是螢火蟲猖狂的夏夜，人們可以抱著自己的凳子到廟前廣場上邊趕蚊子邊論天下。到了寒氣侵人的冬日裡，反正不能不去，難道公共廁所不是個頗為溫暖的去處？至少那兒遮風擋雨，那兒瀰漫著人的氣味，那兒肯定有人……即使是寂寥的半夜三更。去那兒的人在排完胸中塊壘之後通常神清氣爽，無所鬱結，容易挺直了背脊暢所欲言。再說，廁所裡一目了然，不會有密探埋伏，竟也是個說話有豁免權的自由天地。

老農蹲在大樹底下聊天時，肯定個個把背對著樹幹，臉朝外。臉朝外，才好左顧右盼，呼朋引友。在這種地方若有一個傢伙臉朝著樹幹，把背給別人看，顯然是憤世嫉俗的，古怪的。公共廁所既然和大樹一樣是個互通氣息，發表意見的公共空間，哎，我當然蹲錯了方向！

而既然是公共空間，有門不如沒門吧？我們能否想像將咖啡館的座位一一間隔起來用門掩上？那就不再是有沙龍性質的咖啡館了。我們能否想像將一個城市的大廣場切成小塊用一扇又一扇的門關閉？當然能的；從前的君主們為了不讓市民聚集論政，曾經在廣場上建築起七七八八的設施，用以抵銷廣場的公共空間作用。但是市民「街談巷議」的欲望是堵不住的；人們遂流向公園，流向老廟，流向……公共廁所。倫敦有海德公園，台北有龍山老寺。而文革期間，多少人在交代不出來的時候脫口而出，「是廁所裡聽來的」？如果是個有高牆厚門，誰也聽不見誰望不見誰的廁所，買平凹又怎可能在蹲廁時「聽到最及時的關於聯合國的一次會議內容」？

而且，我也絕不會聽到這麼精闢的民族自我分析：北京人多禮多話，上公共廁所時，一個說，「眞巧啊，您老也上廁所呀！天這麼冷，幸好這廁所離得近。您先請先請……」那另一個就說，「您也來啦！身體好嗎？老爺好嗎？大嫂幾時……」臨走時，兩個人還得再來一回合：「您老尿完啦？好嗎？您……」而內向寡言的陝西人據說是這樣對話的：

「尿？」

「尿！」

「完啦？」

「完啦！」

因爲沒有防堵的門，所以市民對國事的看法得以交換而集思廣益；人們對鄉里的情感得以交流而同舟共濟，個人更因爲胸腹中無所鬱結而得以充分發洩個性才情。作爲一個責任重大的公共空間，公共廁所之有門無門朝裡朝外，差別大矣！

上海的一日

我以爲我與上海相識是近兩年的事；在此之前，我與這個城市沒有任何關聯。

直到我去龍華看老寺，在一個秋天的午後。老寺旁據說是烈士公墓，我從偏門進去。庭園空蕩寂靜，新植的小樹在風裡簌簌作響。淡淡的晚午陽光射在石壁上，使石壁上的刻字泛著一層紅暈。

驀然看見柔石和胡也頻幾個人的名字，我怔怔然停下腳步。龍華？我難道沒聽過「龍華」的名字嗎？

一九七五年我留學美國。在圖書館裡偶然讀到一本美國學者關於龍華事件的著作；那是我第一次接觸到不受國民黨控制的文字，但是也只需要那麼一次，國民黨在我身上所灌輸的整套政治神話系統全部崩潰。二十三歲的我，在台灣嚴格的思想管制中長大，對左翼文學和歷史還沒有任何理解，但是龍華事件對我所揭露的，一方面是國民黨對異議文人迫害之殘酷，一方面是國民黨對我這知識青年的有計劃的欺騙——我在台灣可不曾讀過這段血淋淋的歷史。那也是一個秋天的午後，我闔起書本望向窗外，窗外白楊樹的葉子在風中千千萬片翻動，片片金黃耀眼，映著北美藍得深邃的天空。我，再也不相信。

十年後，我回台灣寫《野火集》。人們問我我的政治「覺醒」始於何時何地，我想想，說，「在美國，一九七五。」但我眞正想說的是，「在龍華，一九三一。」

可是龍華在我腦中一直是一個歷史事件的名字，從來不曾想過那是一個具體的地方，在中國地圖上有一個角落。直到一九九七年的秋天，午後陽光暫時停格在一方冷然無聲的石壁上，漫步來看龍華古寺的我彷彿大夢初醒：啊，這個龍華，就是那個龍華。

原來我的政治啓蒙，始自上海。

那個安靜得只有風聲的墓園、那片夕陽斜照的石壁，其實一直在那兒，等著我逐漸走近，最後發現於一剎那。生命裡隱藏著脈絡，脈絡浮現了，你才知道，許多以爲是偶然的東西，背後竟深埋著千絲萬縷的因緣。

我不斷撞見那深埋的因緣脈絡，譬如認識了音樂學院的陳鋼。傍著一架鋼琴，我問他是否知道三〇年代一首老歌叫〈永遠的微笑〉：

> 我不能夠給誰奪走僅有的春光／我不能夠讓誰吹熄心中的太陽／心上的人兒／你不要悲傷／願你的笑容／永遠那樣

那是我母親愛唱的歌。當我只有兩個醬油瓶那麼高、拉著她裙角跟她上菜場時，她唱這支歌，到現在她白髮蒼蒼我得牽著她的手帶她過馬路了，她仍舊唱這支歌，唱的時候眼睛閃著我所熟悉的年輕的光芒。這樣的一支歌，隨時隨地可以勾出我的眼淚來，它使我想起母親的垂垂老矣，更想起那留不住的梔子花香少年時。

陳鋼兩手搭上琴鍵，音樂像雨點打進池塘一樣淌開。他說：「當然知道，這是當年我父親寫給我母親的曲子。」

他低著頭彈琴。我難以知道他心情的流動，但是鋼琴聲使我暈眩，如立深淵邊緣：一支歌，像一條河，也有它的流域。乘著歌聲的翅膀，飛越海峽，穿過半個世紀的冉冉光陰、穿過深不可測的歷史漩渦，我竟然來到這支歌湧動的源頭，在上海一架鋼琴邊。

於是我知道，我會認識上海而走近上海大概不是一件偶然的事，就好像我走向龍華的腳步，二十年前就已開始。每個城市有它的履歷。這個城市，處在古老的泥土上卻面對著大江大海，永遠有豁出去的氣魄；這個城市，挾著西洋的骨架卻又緊緊繫著中國的胸懷；這個城市，時時趕著現代的步伐但怎麼邁出也總帶著傳統的負重。我愛上這個城市，難道不是因爲我們的履歷如此相像？

而上海會接納我這天涯遊子，又何嘗只是偶然？在二十世紀的中國文學史中，這個城市一直是個百川不拒的浩浩大海，吸引了無數出類拔萃的文人墨客也包容了無數消沉潦倒的革命志士。哪一天我在西區哪個里弄裡租下一個「亭子間」開始過起日子來，也是再自然不過的事。上海的美好，就在它氣度的開闊，開闊中蘊藏著無限的可能，瘋狂的夢想的可能。

所以我對上海有著憧憬；三○年代末，曾有「上海的一日」大徵文，我憧憬中的「上海的一日」，應該是這個樣子：

就說是某一年的二月二十六日吧！這一天的上海晴時多雲但無雨。梧桐已紛紛抽出新葉，空氣裡有春天的氣息。人行道上賣花攤子不少，攤子邊有賣樂的藝人，也許拉著二胡，也許是小提琴。行人走過，聽一陣，丟下幾塊錢。

這一天，有上千個外國學者在大學裡講課，有更多的外國研究生在這裡求學。外國作家在和上海作家交談，外國畫家在畫廊裡展畫，外國音樂家在演奏廳裡表演。也有外國人在這裡開各種各樣的餐館小吃。街上走著各色人種，黑人白人印第安人，而他們也自覺是這個城市的一份子。

這一天，有好幾場新書發表會，來自各地的作家與讀者見面。這一天，上海有兩百場演講在進行，從繡花到烹飪，從莊子的和諧觀到韋伯的基督教倫理，從同性戀文學到死亡學的探討，不同的題目吸引不同的觀眾。同時，幾十家劇場在演戲：地方戲曲、現代話劇、實驗新劇、日本能劇、希臘悲劇……。

這一天，大大小小的沙龍裡擠滿了人。文藝青年在朗誦他半生不熟但絕對前衛的詩，半裸的觀念藝術家在宣傳他驚世駭俗的構想，即將成名的哲學家在高談闊論尼采「一切價值的重估」。這一天，好幾個創新的雜誌正在排版，兩個對抗的先鋒藝術宣言正要落稿，一本即將震驚文壇的詩集正在簽約，一篇科學論文馬上要改變世界。

這一天，一場公開舉行的政治辯論使教育會堂附近的交通完全堵塞。這一天，某個報紙的社論抨擊時事尖銳凶猛，編輯室電話響到半夜。這一天，幾個台海兩岸的知識份子決定合作辦一份前進的文人小報。

這一天，有幾個作家得了獎，他們的「得獎感言」刊在報紙上。他們很高興，雖然知道那頁報紙馬上會被拿去包油條或鞋子。

這一天，我從里弄出來，在巷口「永和豆漿」買了個鹹飯糰——包了肉鬆榨菜的，邊走邊吃。晃到福州路，走進一家七層樓的書店，那書店門楣上有個木牌，上面刻著漂亮的草書：「我思，故我在。」我嘛，就在那牌子下把飯糰吃完。

——得「上海筆會散文獎」小記，一九九八年二月廿六日

一個讀書人

好像是羅蘭吧？羅蘭離開中國大陸到台灣時是個小女孩。四十年之後她回到家鄉，看到一個滿頭白髮的老先生向她走來，分明是她當年熟識的一個長輩，她脫口稱呼「某伯伯！」被呼為「伯伯」的人一臉錯愕，因為他其實是「某伯伯」的兒子，比羅蘭還小幾歲。

羅蘭自己讓自己給搞糊塗了。回到老家，回溯時光的隧道，她忘了自己增添的歲數，眼睛回到小女孩的身上，把實際上和自己同齡的人稱為「伯伯」了。時光開了她一個小小的玩笑，一個令人黯然神傷的玩笑。

我也差點稱弘征為「弘老伯」了，為一個同樣荒謬的原因。在與弘征認識之前，除了書信往還，我們通過好幾次電話，在電話中，我對他畢恭畢敬，以晚輩對長輩的禮數相應。

我當然並不知道他的歲數，但即使他是個比我小上二十歲的青年人，我仍舊會在電話上對他行晚輩之禮，原因很簡單：他講話帶湖南腔。在我不自覺的意識裡，湖南話是父親的語言。從小長大，凡是講話帶湘音的都是我的父執輩，必須是我的父執輩。

所以第一次踏上湖南的土地時，我簡直大驚失色，不知所措：這兒滿街走著說湖南話的人，把我整個思維系統給攪亂了，好像指針往逆時鐘方向行走。

我知道我得把自己對湖南音的感覺擰過來，但是，多困難啊——在電話上，我還是一聽見是弘征就恭敬起來。

見到他面時，發現他只比我大個十來歲，不算什麼「父執輩」。可是他的湘音很難抵抗，我仍舊以「您」尊稱他，並且還深怕自己一不小心就呼出「弘伯伯」，像羅蘭的錯亂一樣。

一直到眞正熟悉了，而且發現和我同齡的人也直呼其名，我才逐漸克服了湖南話對我的巨大魔力，解咒了，開始稱他「弘征」。

到弘征家午餐。他介紹屋裡的兩位女性：這是楊芹，這是凌翩，然後逕自去張羅酒。我這個台灣人坐在那兒納悶：看樣子是你的女兒和妻子，可一個姓楊，一個姓凌，你嘛又姓弘。三個人三個姓，到底誰是誰的誰呢？看起來大陸人在這方面比台灣人還解放，三個人是三個獨立的個體，誰也不屬於誰，太神了。

當然，我還不知道弘征姓楊。後來人家笑我：「弘征當然是筆名，哪裡有人姓弘的？」我說，那你就不知道了。在台灣人的印象裡，大陸人姓什麼都可能。地大人多，少數民族都數不清。

弘征的酒張羅來了，嘿！夠氣魄，是一整個酒罈，捧著喝，問我喝不喝？我喝酒有兩個條件：天不黑不喝，人不投機不喝。是大白天的午餐，自然不喝。

可是夜晚來了。我們在長沙開往吉首的夜車裡，目的地是沈從文的鳳凰鎮。火車穿過湘鄉的野樹荒山，駛過楚地的層層廢墟，在茫茫黑夜裡震動大地。我們在暈黃的燈光裡飲白酒。車子的晃動使酒瓶滑往桌沿，扶好，再倒。弘征開始兩頰泛紅，兩眼發亮；只因在火車裡，否則他要吆喝拿筆拿墨，想寫字了。

酒興高昂時，他平時謙遜溫讓的姿態幾乎就被一種飛揚跋扈取代；在衆人圍觀下，跨步穩站，拾起大筆，俯身一揮而就。毛筆蓄滿了酒的滋潤，直逼紙上。

沒有人陪他喝酒時，再好的菜色也只見得他的落寞憔悴，一邊坐著不吭聲。「你知道那個好酒的張東谷嗎？」我於是問他。山人張東谷，酒徒也。在張岱家作客，見主人不嗜酒，非常失望地抱怨：「爾兄弟奇矣！肉只是吃，不管好吃不好吃；酒只是不吃，不知會吃不會吃。」

再碰上一桌人不但不懂得「吃酒」，連辣椒都不會吃的時候，沒辦法，弘征就更失魂落魄了。他獨自叫一小碟辣椒，幽幽吃著。那寂寞的光景，簡直就像個離鄉背井的憂愁詩人。

唉，弘征，你還是少來上海吧。上海人就是「菜只是吃，不管好吃不好吃；酒只是不吃，不知會吃不會吃」的文相人，辣椒更別說了。可是弘征專爲我來一趟上海。上海的出版社出我的書，爲我舉辦簽名會，他身爲湖南的出版人卻來爲我站著翻書三小時，毫無門戶之見，更無屈尊之感。在機場送別時，我以西洋人的禮節擁抱他一下，感覺他在我的擁抱下全身僵硬，使我趕快「鬆綁」，知道他完全不適應西式的熱情。可是他的熱情實實在在。「桃花潭水深千尺」，潭水深時，水面最靜吧。

這樣一個人：愛傳統私塾教育，啓蒙書是《唐詩三百首》和《聲律啓蒙》；能寫舊體詩和新詩，能篆刻、能書法、能寫散文；但不懂任何外文、沒有任何西方經驗。而我是個對傳統國學半生不熟、對西方文化卻浸淫已久的人。我們之間的交集在哪裡呢？是什麼，使兩個背景迥異的人竟然可以在夜航船中煮酒論文？

我想是他的純粹。現實裡的種種殘酷竟不曾腐蝕他的本質——那個在私塾裡熟讀古書、勤練柳公權、年年得「案首」的聰慧少年的本質。經過了變幻莫測的翻雲覆雨，走出來仍是端端正正一個中國的讀書人，仍舊發出「日月安屬，列星安陳」的天眞的疑問。這種倖存的純粹氣質貫穿他的散文，襯托他的爲人，尤其在兩罈酒之後，更加煥發。

誰剝奪了中國人生氣的權利

中國人生氣了。情緒憤慨的大學生湧上北京和上海的街頭舉拳頭、呼口號、丟石塊。中國人生氣時，別人怎麼看？

五月九日晚上八時的CNN新聞報導是斜著眼看的。畫面上是遊行的人群，美國記者的報導內容不是這些抗議者心中的情感和觀點，而完全著重在：群衆對美國使館丟擲石塊警察不予攔阻，十年來這是第一次學生「被允許」上街抗議，國家控制的媒體始終不提「誤擊」一詞，柯林頓雖已道歉但是中國人仍不滿足，……胡錦濤在中央電視台發表談話鼓勵抗議是合理的……

報導的確是「事實」，但是所有的「事實」累積起來傾往一個暗示的方向：中國人的生氣不過是中共政府操縱的生氣。

也就是說，中國人的抗議不被當作眞正的抗議而被看作北京政府的權謀表演，中國人的感情不被當作眞實的感情而被視爲愚民政策下必有的制式反應。北約匆匆道歉一番，轉身就去宣佈將加強轟炸；聯合國安理會任中國代表破口大罵，但不願發表任何譴責聲明。中國人的憤怒似乎沒有感動任何人。死於南斯拉夫使館中的幾位中國人，死得夠寂寞。

美國越來越囂張的強權作風令人憂慮，CNN這種跨國強勢媒體所不經意間流露的單向思維也著實令人不安，但是，中國人的怒吼感動不了別人，更多的，可能還是中國人自己的問題。誰，是湧上街頭生了氣的中國人？

眼睛雪亮、心裡明白的中國人不會在今天走上街頭，因爲處在五四剛過、六四就來的不正常的緊張裡，他淸楚地知道中共很可能在利用外敵來轉移內部的不滿。他知道民族主義情緒經常是獨裁者鞏固政權的工具，他知道他所得到的關於北約轟炸南斯拉夫的資訊極可能是片面扭曲的，他知道所有的被允許的抗議都可能只是一個組織大合唱。他知道，五四不能眞正地紀念、六四不能眞正地追思，人心悶得難受。北約的轟炸贈給北京政權一個美好的機會，讓人們發洩一下，然後就可以歡歡樂樂地慶祝十月一日五十週年建國大典。他不玩這遊戲。

大多數的人，不這麼看，不這麼想。既不懷疑新聞資訊，也不深思自己的歷史處境，更無能力認識、辨別強權的眞實意義。民族情緒像烈酒下肚，血往上衝；一聲號召就衝上街去了。至於自己所屬的群衆代表了什麼意義，可能帶來什麼較長遠的結果、後果，多半是茫然的。

對於中國人的憤怒，西方是冷淡而且冷酷的。如果情況倒過來，美國人或德國人被炸死，他們的街頭也會出現洶湧的抗議人潮，但是他們的憤怒就會被全世界認爲是合理的、出自眞情的。既是眞情，就能打動人。而今天中國人的憤怒不被當作憤怒、中國人的眞情不被當作眞情，怪誰？

自己的同胞被無辜地殺害，誰能不疼？即使是那眼睛雪亮、心裡明白而不願成爲工具上街吶喊的人，心裡不會沒有傷痛。這些人，沒有表達眞心傷痛的場所。那無所懷疑、無能深思的人湧上街頭大哭大喊，用的全是眞實的力氣、眞正燙人的眼淚。這些人，表達出來的傷痛別人冷眼相看，認定它是假的。

心中有憤怒的中國人其實被剝奪了憤怒的權利；先被自己的統治者剝奪，後被西方剝奪。兩者之間的因果關係，令人哀傷。

一九九九年五月九日

輯四

他們歐洲人

兩粒草莓的賭選

該走的時候

政治人物要有兩個本事：一是認識機會來到的時刻，躍上舞台轟轟烈烈做出一番事業，一是認識自己該走的時刻，在情勢逼人之前尊嚴而優雅地自己先下台。柯爾的遭遇令人嘆息，因爲他做到了前者，卻做不到後者。

十六年來，柯爾高大的身軀像一根穩固的棟樑，給予德國安全感和方向感。半個世紀以來最重要的歷史任務由他一手完成；國家的統一，歐盟的實現。他外表的笨拙憨厚常常使人們低估他，但是統一的艱難工程一步一步展開時，人們又不得不對他的沉穩由衷地讚嘆，眞誠地尊敬。他代表了一個時代，一個我們在幾十年後仍然會淸晰記得的時代；在柯爾的時代裡，德國統一，蘇聯解體，東歐革命，歐盟建立，世界站上全球化的起跑點，向二十一世紀蓄勢待發。

但是這個英雄認不出他該走的時刻。四百多萬的失業人口、德東不盡人意的資源分配、歐元引來的不安、俄國危機帶來的疑懼、福利制度入不敷出引發的得不到解決的種種問題，使一向喜歡爲明天憂慮的德國人充滿焦慮和危機感。一個已經運行了十六年的政府結構、一個已經在位十六年的領導者，沒有人相信，還有能力作徹底的變革，而面對二十一世紀，徹底的新情勢需要徹底的新變革。

柯爾可以斷然推出別人來競選總理，但是他沒有。重新披上戰袍，要人民選擇，人民的選擇是，斷然拋棄他。基民黨得到一九四九年以來最低的選票。對於柯爾，這是情何以堪，但是歷史有自己的規則；該走的時候不走，歷史就要輾過你遲疑的身軀。

草根民主

是什麼背景的人活躍在德國的權力舞台上？柯爾的父親是農家子弟，後來在鄉政府作低層公務員。柯爾在極節檢樸實的環境中成長。新任總理施若德今年五十四歲，曾經留過齊肩的長髮，曾經是共產主義的忠實信徒，你也許以爲他是典型的所謂「六八年的一代」，他卻說，不是的，「六八年的一代」那一套對他那種成長背景的人而言，「太理論掛帥了」。施若德的成長背景又是什麼呢？一九四四年，在他出生後三天從羅馬尼亞傳來，他的父親死於戰場。母親要一手養活兒子，於是到工廠裡去當清潔女工。在以後極端貧困的日子裡，常常有法院派出的人來拘補不斷欠貸的母親。十來歲的施若德站在家門口，看著母親被帶走，對母親高聲說，「媽媽，有一天，我會用賓士車去接你回來。」

在一九九八年的大選裡，綠黨大勝，顯然要成爲聯合執政的伙伴。綠黨的靈魂人物費雪。有可能成爲外交部長。這個「永遠的叛逆者」走上政治也與他的成長背景有關。二戰後，作爲一種懲罰，幾百萬的德國人被迫離開他們已經生活了好幾代的地方：捷克、波蘭、匈牙利……。費雪的父親，夾在幾百萬流離失所的老百姓中，一無所有地來到德國。重新白手起家，他在一家肉舖裡賣肉；五十六歲那年，辛苦積勞的肉販突然倒下，死在切肉的砧板上。

十八歲的費雪來到肉舖，收拾父親身上那濺滿骯髒肉血的圍兜和黏沾著肉屑的遺物，對自己發誓：「絕不，絕不過這樣的人生！」

費雪的人生履歷其實就是德國民族的履歷。兩百年前，費雪的父輩，貧窮的「嚼草根的」德國人，移民到匈牙利去討生活；在客居地勤奮致富，但是國家的命運決定個人的命運，希特勒、冷戰，使他們再度成爲「嚼草根」的人。費雪的政治視野和理想其實完全孕育於二十世紀的歐洲歷史裡。

也是歷史的烙印，使得我們今日所目睹的德國民主較之英國或美國，更有草根性。這個國家的貴族傳統，由於兩次大戰所帶來的懲罰和戒懼，破壞得比別國徹底。今天站在台上的領導人多不是什麼擁有伯爵公侯頭銜的貴族後裔，如英國；也不是什麼出身所謂長春藤大學、豪門世家的公子哥兒，如美國。他們是小公務員的兒子柯爾，是清潔女工的兒子施若德，是肉販的兒子費雪……。

不煽情的選舉

德國人的競選風格在這次大選中也表露無遺。候選人之間的批評僅限於公的領域，難得見到人身攻擊或個人隱私的揭露。柯爾結婚三十八年，不曾鬧過什麼緋聞。家庭婚姻美滿的形象頗符合基民黨的道德觀。施若德已是四度結婚。面對媒體，他卻游刃有餘自我解嘲：「我大概每十二年換一次伴侶。」亦不曾引來選民或什麼團體的抗議。畢竟，有幾個老婆是他的私事。

基本上，德國人把政治的公領域與個人的私領域分得很開，總理的妻子不參與治國，是一種共識。柯爾的妻子曾被問到她是否希望和美國的希拉蕊一樣「幫夫」，她的回答是，「假定一個外科醫師正在給你開刀，你要不要醫師的太太也來給你一刀？」當柯林頓的錄影帶在全世界公開時，反應最強烈的大概是德國人了。所有黨派一致譴責美國共和黨爲了選舉而侵犯個人隱私。柯爾用了罕見的嚴厲口吻，「整個事情——我不是隨便用詞的人——使我想嘔吐！」賄選，在這裡當然是聞所未聞的。十年來大大小小的選舉中，我這個居民曾經得到過兩粒草莓。今年的跨世紀大選，我只得到一只氣球。

從台灣人的眼光看，德國人再大的選舉也辨得靜悄悄的。沒有喇叭喧囂，沒有排山倒海的海報，沒有遊街的車隊，沒有鬧熱滾滾的掃街拜票活動，沒有滿坑滿谷的文宣。街頭唯一選舉的跡象是指定地點的一列看板，告訴人們何時何地有政見演說。政策的闡釋和辯論集中在報紙和電子媒體上。安安靜靜的，但是投票率卻高達百分之八十以上，包括了六千萬名選民。

凡事有因就有果。因爲沒有什麼隱私的大揭露，沒有什麼賄選的杯弓蛇影，沒有暴動和打架、鬧場和流血，德國選舉的社會成本非常低。不需要大批蒐證人員，不需要出動鎮暴警察，不需要增加人手防止交通癱瘓，不需要法庭審判違規競選，不需要大量清潔隊員清掃選後垃圾，一場人選只有起碼的開銷：六十萬個選務助理，一人發三十馬克車馬費（相當於六百元台幣），選票印製紙張，以及通訊投票信件等等。平均起來，六千萬選民爲這次大選每人付出了不到兩馬克，不到四十元台幣。

德國人對自己選舉的平隱顯然是有自覺的。在大選揭曉的電視節目裡，第一電視台放了好幾段別的國家選舉和國會論政的激情鏡頭，最突出的，當然是台北的國會——以一面巨大的青天白日國旗爲背景，男人女人抓頭髮、打耳光、丟杯子，像幼稚園的孩子一樣打成一團。電視台還幽默地配以輕鬆愉快、令人發笑的音樂。

安靜、不煽情的選舉還有另一個層次；因爲安靜、不煽情，候選人和選民得以把注意力集中在議題的本身。經濟問題是核心；百分之十的失業問題如何具體解決？如何因應歐元將帶來對馬克的衝擊？負擔沉重的國家福利制度如何革新？退休金和養老金如何保障老人又不拖垮國家經濟？物價稅是否還要增加？美國人正爲柯林頓的性行爲耗費巨大的社會能量和成本的同時，德國人的務實性格在大選中顯得特別鮮明。

準備起跑

這一次的選舉決定了德國二十一世紀的起點。行之五十年的「波昂共和國」將轉型成「柏林共和國」。遷都柏林意味著，德國終於要擺脫二次大戰的陰影，重新和自己的歷史連接起來，而歷史包括負擔和責任；德國的負擔和責任都是沉重的。它在歐盟中要如何定位？它非常強大，卻又不能夠太強大，引起鄰國的疑懼。納入歐盟，德國要如何保持一貫的競爭力？每個人都深刻體驗到一個新的世紀的到來。在這個新的世紀裡，全球化，在各個領域、以不同形式，雷霆萬鈞地劈面而來，如何面對？德國人顯然覺得舊有的體制和智慧已不足以應付，他們選擇了一個新政府、一個新領袖、一份新思維，來迎接一個全新的挑戰。

如果說，德國的大選對於台灣人應該有某些啓發，那麼最重要的啓發也許是，當歐洲人卯足了全力在思考二十一世紀的時候，當起步本來就比我們早很多的社會在專心一意地尋找新思維、面對未來的時候，我們如果仍然在舊有的統獨框架、舊有的族群泥淖中糾纏不清，自己與自己過不去，絲毫不感覺新時代的洶洶來勢，我們是否已經放棄了起跑的立足點？腳上纏著包袱的人，顯然只能跌跌撞撞，拖拖拉拉地「掉進」二十一世紀。這個想像，挺可怕。

一九九八年九月二十九日

一任一任被淘汰

新總理施若德在《明鏡》周刊的訪問中說，「我不知道我是不是做得到社會對我的期望。」這樣沉鬱的低調在一個半月前可是聽不到的。競選期間，他必須總是容光煥發地面對媒體，高舉雙手作勝利姿勢，演講時口氣自信而樂觀。權力獲得的時候，也就是責任壓下來的時候；責任本身已夠沉重，更何況剛下台的反對黨在旁等著看笑話。

一九四四年出生的施若德上台，表示這已是一個新世代的德國了。選民多數是戰後出生的一代，而六〇年代的「叛逆者」、「反對者」已經成爲掌權者。反對者變成掌權者時——世界會變得更好，或更壞？

焦點所在，是綠黨。八〇年代初，領世界風氣之先，德國綠黨成立，用另類思維和行動對既成的政治倫理和社會秩序挑戰。信仰者穿著破牛仔褲和髒球鞋進入國會，叫囂著在街頭和警察對峙。當主流社會關心著能源開發和經濟成長時，綠黨喊出環保優先於開發、人權保障重於經濟交易，他們以最高的道德標準要求政治人物。

十八年後，這些人成爲今天的政府。評論家說，「現在綠黨可再也嚇不了別人了，只能嚇自己。」責任使人保守。綠黨所提出的高徵能源稅——汽油、暖氣加價以促人節約——嚇走了不少人。執政大黨社民黨也戰戰兢兢害怕綠黨的高標準訴求會變成一塊砸自己腳的石頭。綠黨本身，在權力的結構裡，也在學習妥協，理想與現實的妥協。執政是一場測驗，反對者的道德高標準只有在測驗之後才有價值。

施若德的低調顯示他深知這個測驗的嚴酷。就職大典後三天，輿論重鎭、代表保守立場的《法蘭克福匯報》就刊出一篇語氣嚴厲的社論，抨擊社民黨政府意圖干涉聯邦銀行的運作是「倒行逆施」。新政府與財經界的一場大矛盾正在醞釀，像烏雲後隱隱的雷聲。

財政部長拉方田和新總理施若德一致認爲刺激經濟成長比貨幣穩定還要重要，而聯邦銀行甚至於歐盟中央銀行都不能自外於這個原則。新政府這番話引起的反彈非同小可。德國聯邦銀行向來以不受政治干預爲榮，它的獨立幾乎受到和憲法相等的尊貴地位，新政府卻敢冒天下之大不韙，令人訝異。具「工農兵」意識的社民黨和強烈環保意識的綠黨本來就被工商界貶爲具有「反商情結」而戒之懼之，新政府坎坷的執政之路才剛開始，是不是馬上要摔跤呢？

理想和現實「妥協」何其困難，而理想和現實「妥協」之後究竟剩下的是理想還是現實呢？社民黨和綠黨一向比傳統保守的基民黨重視婦女權益，講究男女平權。但是新政府此刻提出來任新總統的，仍是一個男性，雖然引起黨內異議，決策不變。德國要有一個女總統，還是下一個世紀的事。

值得思索的是，這些高喊男女平權的社民黨和綠黨的政治領袖們，仍舊是男人。財政部長拉方田與第三任妻子同住，外交部長費雪有過三任妻子——每一任與他相識時皆不滿二十歲，現在有一個二十九歲的女友。總理施若德的現任妻子是第四任了，在記者的鏡頭中，總是小鳥依人似地傍著丈夫，笑得合不攏口。

不管哪一國，不管哪一黨，不管什麼口號，結構都是一個：事業成功、意興風發的男人，比他們年輕十歲、二十歲、三十歲的女人，輪番傍著這些政治領袖，小鳥依人地笑得合不攏口。男人繼續活在鏡頭中，決定著國家大事，女人一任一任被淘汰換新。

爭一個女總統有什麼用呢？

理想和現實之間，距離大著。

當反對者成為執政者

「紅色奧斯卡」的「叛變」

一張桌子有四隻腳，德國財政部長拉方田突然而決絕的辭官方式，就比如在方桌協談中，拆下了一隻桌腳，招呼都不打一聲，走了。剩下一張三隻腳的桌子，危險地晃著。

德國人目瞪口呆地看著「紅色奧斯卡」的個性特技演出：奧斯卡・拉方田違背了兩個重要的德國傳統美德：責任和規矩。

德國人守規矩大概就像火星人一定放電一樣，是世人約定俗成的認識。守規矩到什麼程度？德國人用黑色幽默來自我解嘲：

「一個法國人，一個英國人，一個德國人上斷頭台。法人把頭伸進閘裡，刀板落到一半，卡住了下不來。劊子手於是說：這是你的命運，走吧。法國人吹了聲口哨，連爬帶滾地走了。

英國人碰到同樣的問題，感謝女王，也連爬帶滾地走了。

輪到德國人。他不趴下，卻義正辭嚴地對劊子手說：你這機器有毛病，不修好我拒絕使用！」

拉方田的辭官完全蔑視規矩：作爲部長，對總理和總統沒有任何事先的商量；作爲被選出的國會議員，對選民沒有任何解釋；作爲黨主席，對他領導的社會民主黨沒有任何交代。眞正的掛冠而去。德國社會先是錯愕，繼而譁然。「不負責任」、「懦夫」、「逃犯」，種種指責接踵而至。

不守規矩畢竟只是形式，不負責任可嚴重多了。拉方田與總理施若德的雙頭馬車權力鬥爭從去年九月新政府一上台就很明顯。拉方田選了一個什麼樣的時刻拆了桌子的腳呢？

三月二十四日，歐盟高峰會議將在柏林舉行，主要議題就是所謂「日程二〇〇〇」，全面決定歐盟到二〇〇六年的財政和經貿策略。德國是這半年的歐盟主席，責任重大，而歐盟的執行委員會又剛剛解體，一場混亂。施若德面臨最嚴峻的考驗：面對其他成員國——主要是法國——的反對，他是否能保護德國的利益？在保護本國利益的同時，他是否又能與別國合作推動歐盟和歐元的開展？

在盟國的眼中，施若德突然被拉方田拋棄，像一個手足無措的孩子，站在一張三隻腳的方桌上。拉方田的辭官，因此被謔稱爲「叛變」，是拉方田同志給施若德同志顏色看。

當反對者變成執政者

反對黨看著這一團混亂，不免在一旁暗暗得意，有些人叫囂著要重新選舉。短短的半年前，德國人民抱著「換個黨做做看」的心情，把執政長達十六年的基督民主黨選下來，擱在一邊，換上了沒有執政經驗但是充滿改革豪情的社會民主黨和綠黨。

改革豪情可以造就慷慨激昂、正氣凜然的反對者，放在執政者身上卻往往使他灰頭土臉甚至頭破血流。半年來，施若德的左派聯合政府不斷地用頭撞牆，狼狽境況簡直像給教科書提供典例：當反對者成爲當權者，要接受什麼考驗。第一個就是得準備被人笑話。

綠黨是有史以來第一度執政，激進派的環保部長特瑞亭（Trittin）一上台就迫不及待地宣佈要在幾個月內停止德國的核子廢料處理。德國廠商還來不及反應，英國與法國已經勃然大怒，威脅要控告德國政府違約；英法廠商提供德國核廢處理的設備，無法容許德國片面說停就停。

尷尬之餘，德國政府又匆匆收回成命；核廢處理又回到原點，無定期地延長。

大左派拉方田一上台就像頭鼻孔噴氣的紅色火牛，把犄角對準了大企業、資本家。他放言要聯邦銀行調低利率，讓銀行界大吃一驚。德國的聯邦銀行傳統上自詡獨立，不受政府影響，自成一國，拉方田犯了大忌，招來一片討伐之聲。拉方田基於社會主義的信仰，強調「劫富濟貧」，大刀闊斧地要修改稅法，提高企業稅，減低中產階級和撫養子女的家庭的負擔。大資本企業紛紛抗議，威脅要把企業移到外國發展。財政部長儼然成爲「反商」部長。

身爲社民黨主席，拉方田試圖把社會主義的理想藉財政部長的職位來發揮。身爲國家總理，施若德卻必須「往右」靠攏，取得資本家的信任與合作，他的政府才不致解體。他所提出的施政口號，「新的中間」，其實就是把左的社會主義意識型態盡量向右拉，就變成「新的中間」，以求兼容並蓄。在社民黨的「純潔左派」的心目中，施若德的妥協當然是對「正宗」社會主義的一種背叛。

但是拉方田一走，股市馬上上揚，歐元馬上轉強，盟國財政部長們暗地慶幸——「火牛」走了，資本家大大鬆了一口氣。最開心的大概是施若德；雖然國事如麻，但他至少不必再在「紅色奧斯卡」的陰影中掙扎，他至少不必再浪費時間與拉方田辯論爭吵，他可以完全作主，放手去幹了。

去掉了拉方田那樣強勢的批判者反對者，接替的新任財政部長果然是個大家認爲負責任、守規矩的人。艾謝守規矩的程度，可以由他的外號透露，他是一枚「戴著眼鏡的迴紋針」，夾公文，絕對一絲不苟。

執政的社民黨和綠黨領袖，大多數是一九六八年學生運動的一代菁英，從當年在寒風街頭的示威遊行，到今天在莊嚴堂皇的政府大樓裡決定國策。很明顯地，責任可以使最狂妄的人變得謙遜。

自由還是平等

拉方田的「叛變」所突出的其實是一個超越國界的有普遍性的問題，就是，自由和平等究竟如何協調？拉方田主張以政府干預的手段來保障小老百姓的福利，但是政府干預市場經濟是不是反而妨礙了經濟發展而最終還是要損害了小老百姓的福利？但是不干預，是不是自由競爭凌駕社會公平，造成弱肉強食的資本主義社會？

從西歐的觀點來看，一九八九年發生的東歐革命基本上已經證明了：沒有民主，市場經濟不可能運作，而沒有市場經濟，民主也不可能運作。社民黨的往左、往右、往「新的中間」，種種的搖擺其實是在尋找市場經濟與民主之間一種最公平又有效率的組合模式。究竟如何能讓工商業自由競爭而又保障利益的平均分配？而面對這個兩難問題的，當然不只是德國。中國和台灣，在不同程度上，正爲同樣的難題所困擾。

而德國，本來就是一個社會主義傾向濃厚的國家。與英美的傳統非常不同的是，在英美，政府基本上是一個調節社會各方矛盾的機制；在歐洲大陸，尤其德國，政府或說國家，卻是一個強有力的救濟者，一個人民的全方位的保護者，有義務對人民提供安全和福利。但是在全球化的力量越來越大時，龐大的福利制度及其沉重的負擔，不但削弱了自由經濟的競爭力，國家亦覺不堪負荷。改革勢在必行，只是往哪條路走，辯論激烈。

一會兒左，一會兒右，德國新政府跌跌絆絆地摸索，一張方桌由三隻腳和一只迴紋針撐著。但是跌跌絆絆也有必要：每摔一次跤，前面的路就看得更清楚些。只有當激情沉澱爲智慧時，一個執政者才算成熟了。

我們歐洲人

「歐洲和美國開戰了」

「美國有一半的人口只能從一數到五，另外一半人口會從六數到十，但是會從六數到十的美國人不會從一數到五。」

這樣刻薄的笑話是自詡文化深厚的歐洲人愛說的。對美國人的譏笑既傳遞了歐洲人的優越感，同時也透露出心虛和不安：文化再怎麼深厚，歷史再怎麼悠久，歐洲也擋不住美國商業大衆文化的滾滾大潮。電影院裡全是好萊塢成品，電視螢幕上充斥美國警匪片，文學暢銷書以翻譯的美國小說爲主，流行音樂跟著美國的品味走，報刊雜誌裡充滿美語的夾用。小學生都知道邁可傑克森，卻不一定知道舒伯特。

美國文化的強勢入侵一方面征服了歐洲（或者說，全世界），同時也激起歐洲人的反思和抗拒。在瑞典，知識份子最關心的問題之一就是如何防止瑞典文化「全盤美化」，如何從傳統文化中汲取養分來抵抗美國價值的全球化。柯林頓的性生活在美國「公審」時，一個著名的法國評論家說：「美國人對性的這種虛僞，使我們更清楚地意識到：我們歐洲人是一體的，與美國人差別太大了。」

今年一月，歐元開始了歷史新頁；歐盟成爲美國之外的一大超強國。兩強之間的競爭與矛盾浮上了表面。

首先是經濟利益的衝突。兩強爲了香蕉上了法庭。歐美當然都不產香蕉，歐盟從過去在加勒比海的殖民地入口，美國則由美國公司在南美宏都拉斯經營。美國對世貿組織（WTO）控告歐盟排斥美國進口香蕉勝訴，世貿組織裁定歐盟必須改定關稅。歐盟則依賴法律上的模糊遲遲沒有動靜，招來了美國在三月三日的閃電報復行動：自當日起，對值五億美元的歐洲進口物資課以百分之百的進口稅。

這是正式爆發了戰火的貿易之爭，其他長年以來大大小小的爭執沒有斷過：歐盟不願意進口美國牛肉，因爲裡頭抗生素太多；不願意進口許多種經過基因「調配」的食品；歐盟對飛機噪音的規定影響了美國波音飛機的生意，卻有惠於歐盟的Airbus……。香蕉終於讓兩強正式碰撞。倫敦的《經濟學人》周刊聳動地說：「美國和歐洲開戰了。」

「文明」和「野蠻」

對走在街上的歐洲人而言，這場貿易戰爭只是政府的事情。市場裡的香蕉從哪國來的，貴了或便宜了幾分錢，也不會太放在心上。但是美國和歐洲除了對香蕉和牛肉不同意之外，還有比較深層的文化價值上的矛盾。二月份兩個德國人在阿利桑那州被處以死刑，在德國引起街談巷議。

樂格蘭兄弟在一九八二年持玩具槍搶劫銀行時，因爲銀行職員驚慌反抗，兄弟隨手拾起桌上開信封用的利器，刺死了一個職員。犯罪時兩兄弟分別是十八、十九歲。坐了十五年監牢之後，死刑才執行。執行前，德國總理和外交部長多次呼籲緩刑，位在海牙的國際法庭也提出同樣要求，甚至阿利桑那州本身的「特赦委員會」也主張緩刑，最主要的理由之一就是：判兩兄弟死刑的阿州法庭竟然不知道兩人是德國公民，而「維也納領事公約」第三十六條規定，他國人民觸犯刑法時，必須照會該國駐地領事館。一九九二年，兩兄弟在獄中十年之後，德國政府才在偶然情況下得知事件始末，已來不及爲兩人聘雇律師重新翻案。

阿州女州長對來自歐洲各國的請求和批評不爲所動。「爲了正義和公理」，她堅持死刑不推遲一日。

德國法務部長在死刑執行當日對媒體不保留地說：「這是野蠻的行爲。」酒館裡的老百姓搖頭，表示不理解美國人的心態。德國的媒體提出問題：「爲什麼美國人是這樣的？」在歐盟十來個成員國中，沒有一個國家有死刑。

兩種反應，代表了德國主流社會對美國的看法。《法蘭克福匯報》試圖從文化角度分析：

「美國容許死刑的大多是西部和南方。在西部和南方的主流信仰仍舊是：個人的重要凌越社會和國家。在這些地方，個人持有槍械和使用槍械不但合法，而且還被賦予文化政治上的神聖地位。在這裡，個人以對抗國家爲榮，與歐洲傳統中國家先於社會是正巧相反的。對個人財產或生命的侵害因此不僅只容許持槍自衛，甚至也容許報復行爲。」

對多數歐洲人而言，死刑就是由國家執行的一命償一命的報復行爲，是戴著文明面具的原始野蠻。美國的民主性質——尤其在美國南方的環境中，是一種以群眾爲基礎、民粹草根性極強的民主。阿州州長的堅持所倚靠的就是阿州州民對死刑的認可，對以報復作爲懲罰方式的贊同。

驕縱的「世界警長」

相對於《匯報》的冷靜，《明鏡》周刊是憤怒的：「美國這『上帝的選國』再度表現它如何毫無懷疑地信仰自己的道德優越，完全鄙視國際輿論……共產主義結束之後，這個『機會無限』的國家以其軍事力量及尖端科技宰制全球，而且越來越肆無忌憚。」

《明鏡》舉出的例子包括美國爲了報復肯亞爆炸事件而對阿富汗發射飛彈，美國對伊拉克的悍然轟炸，美國對塞比亞的軍事恐嚇，美國對北韓政權及蘇丹原教旨派的監控，以及美國對中共人權措施的批評。前年在義大利山區因低空飛行、截斷纜車電線造成二十人死亡的美軍飛行員被美國軍事法庭判爲「無罪」，引起義大利舉國指摘。樂格蘭兄弟的死刑執行，使德國大譁，而美國一概不予理會。

美國外長阿布萊特像一個「世界警長」，到中國去指手劃腳教訓中國人，《明鏡》尖銳地質問，美國人自己的人權紀錄極壞，譬如服死刑者多半是黑人和窮人；美國人哪裡有資格教訓別人呢？阿利桑那州法務部長針對歐洲的批評，回答說，「難道每次有外國人犯罪我們都得聽他們的嗎？」

「這種『外國人不應干涉內政』的說詞，」《明鏡》諷刺著，「不正是所有美國所指控的獨裁統治國家的特點嗎？」

當一個歐洲人在美國人面前說「美國人不能從一數到十」這個笑話時，美國人就回答：「如果不能從一數到十還能變成世界強國，那表示歐洲人也可以跟我們學學吧。」再說下去，兩邊就要不歡而散了。香蕉和牛肉的問題屬於法律技術，還可以解決，誰文明、誰野蠻的文化價值問題，牽涉歷史和信仰，卻很難說得清楚了。

二十一世紀戰國策

向霸權挑戰

三月二十四日，十五個歐盟國家領袖將在柏林會師，商討「日程二〇〇〇」。二十一世紀版的「戰國策」一幕一幕展開，充滿驚奇。在二十世紀下半葉的冷戰結構中，美蘇兩大強國對峙。進入二十一世紀，蘇聯沒落了，歐洲十五個小國經過合縱結成一體，以一個新強國的姿態崛起，挑戰亞美利堅這個「強秦」。

什麼都變得相對起來。譬如說，本來歐盟也年年譴責中國人權狀況，但是當美國國務卿在北京教訓中國人，當美國媒體每天爲間諜問題而對中國大加鞭笞的時候，歐盟卻對美國大表反感，稱美國的行爲爲「帝國主義心態」：美國國內人權問題很多，憑什麼指責中國？中國在美國藏了間諜，難道美國在中國沒有？諜對諜、匪對匪，誰能指控誰？

任何一個國家的建立，都需要一個「假想敵」來激起自己內部的凝聚力。對歐盟而言，挾其經濟軍事優勢而四出「侵略」、張牙舞爪而又絕對「沒有文化」的美國正是一個理想的「暴秦」，可以促進歐盟各國的團結。現階段的歐盟主要是一個經濟單位，有一個中央銀行，但已有人提議成立中央外交部，對國際政治以歐盟的重量發言，來制衡美國的「帝國主義」發展。這個提議還只是提議而已，但是美國若是繼續判幾個德國人死刑，繼續判在義大利過失殺人的美軍飛行員無罪，繼續獨來獨往地對付阿富汗、伊拉克、利比亞……很難說歐盟不會有一天眞變成一個政治實體，向美國的霸權挑戰。

一盤散沙的歐盟

這一步發展可能還相當遙遠，因爲今天的歐盟在許多方面還是「一盤散沙」。二十四日在柏林召開的會議預計將是一場沙石亂飛的混戰，每一個國家都要爲自己的國家爭取最大利益。譬如最胖最大、最惹人嫌的德國有一個目標：希望減少每年上繳的一百二十億美元盟員費。在一九九〇年剛統一時，爲了贏得法國的支持同時平息別人對歷史紀錄不良的德國的疑懼，德國答應付出大幅超過應付比例的年費。這當然是不公平的，誰說大胖子就活該吃虧。現在德國要求減少，糟的是，沒有人同意。

於是德國就想出別的辦法，譬如說，以後對農民的補助應由各國預算中支出，不應用盟國公款。爲什麼？因爲德國主要是工業，不太受益於盟國的農業補助。傲慢而優雅的法國可不同意了。法國農業是大宗，絕對不同意盟國縮減農業支出。於是德國要求刪減當初爲較窮的盟國所設想的優惠。可是頭髮較黑、個子較瘦弱的西班牙、葡萄牙又打死不肯讓了。

於是德國認爲英國不該繼續享有一九八四年佘契爾夫人所爭取到的特低年費；狡猾而高貴的英國遂板起了臉孔，不，不可能。

爲了避免柏林會議完全地各說各話，德國總理施若德與法國總統契若克已經舉行過幾次會前會。會前會的結果是，兩個人白眼相向，冷若冰霜。法國的保守派報紙在一旁搧火：「法國與德國決鬥在即！」

南轅北轍的文化

這兩個歐盟大國「決鬥」可不是什麼新鮮的事，兩百年來德國和法國可是勢不兩立的死敵，最近的一次戰爭只是短短的五十年前。這五十年來，兩國特別努力地宣傳友好和合作，正足以表示兩國人「決鬥」的歷史潛能存在。即使不說經濟的實質利益之爭，日耳曼人和法國人文化上的差異已經夠壯觀。法國《費加洛報》做的問卷調查中，有一項是關於民族性的，結果顯示，百分之七十八的法國人認爲德國人的最大特色是「紀律」，其次是「工作勤奮」，其次是「好客」。德國人眼中的法國人最大特色是「好客」，其次是「傲慢」，其次是「膚淺」。只有百分之三的德國人認爲法國人講「紀律」，或者「工作勤奮」。究竟極講「紀律」、「工作勤奮」的人怎麼與「好客」而「傲慢」的人合成一國呢？

倫敦的《經濟學人》周刊將歐盟各國間的文化差異區分爲南北文化的差異，其實也是日耳曼民族——北歐、英德荷蘭，與拉丁語系民族——法義西葡等國之間的差距。三月十五日歐盟執行委員會的解體突顯了一個文化問題。全體委員被迫辭職，委員們濫用職權圖利親人是一個嚴重的指控。問題是，在講究「紀律」的日耳曼人眼中，「內舉不避親」是一種腐敗，在講究「好客」的法國人眼中，「一人成道，鷄犬昇天」是天經地義的事情。歐盟主管科學與教育的克瑞松（前任法國歐洲事務部長）以極豐厚的年薪聘一個牙醫朋友作歐盟的科技顧問，實質上當然只領薪水不顧亦不問，她對記者的追問頗不耐煩地回答：「難道我只能聘用我不認識的人？」令德國人目瞪口呆。

越往南走，到義大利，文化越傾向於以族群家庭、人情爲中心，講關係，講感情。越往北走，到北歐，文化越傾向於所謂公民社會，以社群、公益爲中心，講公平，講紀律。南人認爲北人沒有感情而且呆板，北人則認爲南人沒有效率而且腐敗。

同時，百分之五十六的法國人不知道德國總理是誰，百分之六十一的德國人說不出法國總統的名字（百分之九十的德國人不知道法國總理是誰，因爲他太不重要）。

同時，百分之七十二的法國人認爲法國比德國民主，只有百分之十四的少數法國人認爲德國更民主。但是德國人看法可正相反：百分之五十五的人認爲德國比法國民主，只有百分之二十三的德國人認爲德國民主不如法國。

只有一點，德國人與法國人意見一致：大多數的德國人與大多數的法國人都同意德國是歐洲最「強大」的國家。

這，卻是讓法國人和所有其他歐洲人最坐立不安的一種同意。別人的不安，使又高又胖、「素行不良」的德國更不安。

幾個月前，爲了選出一個歐盟中央銀行總裁就爭辯了二十個小時。現在，二十個執行委員要全部重選，「日程二〇〇〇」的財務預算要全部擬定；在兩天的柏林會議裡，十五國東南西北的國家領袖，窮的富的、肥的瘦的、公民社會族群社會的，聚集一堂，依靠耳機裡傳出的各種語言的翻譯，要達成「一個國家」的協議，不能不讓人驚詫人類的勇氣和異想天開的創意。

「統一」的條件成熟

十五個歐洲國家要合縱，當然不是爲了表現人的勇氣和異想天開的創意。天下之所以分，一定是因爲有分的利益，之所以合，一定是因爲有合的好處。蘇秦說齊宣王：「臨菑甚富而實，其民無不吹竽鼓瑟，彈琴擊筑，鬥鷄走狗，六博蹋鞠者。臨菑之塗，車轂擊，人肩摩，連衽成帷，舉袂成幕，揮汗成雨，家殷人足，志高氣揚。」蘇秦說楚王，與六國合縱的利益是「韓、魏、齊、燕、趙、衛之妙音美人必充後宮，燕、代橐駝良馬必實外廄。」

巴黎和柏林，倫敦和羅馬，都是二十一世紀「家殷而足，志高氣揚」的「臨菑」，歐盟成立，各國之間的「妙音美人、橐駝良馬」，不論是牛奶或光碟，都沒有關稅限制，可以自由流通。德國雖然抱怨法國農業受惠歐盟獨多，但德國工業產品得以暢通無阻地進入別國的「後宮」和「外廄」，歐盟合縱的利益是極爲明顯的。

柏林會議肯定喧鬧無比；十五國的民選「辯士」都要使出渾身解數爲自己的國家爭取最大利益，矛盾和衝突必不可免。但是毫無疑問的是，這些國家都把「統一」看作一種必要，還有好些小國急迫地等著加入。顯然「統一」的利益夠大時，那講「紀律」和「勤奮」的都願意和「好客」而「傲慢」的敵人合作了。

在鏡子裡看見自己
——科索沃戰爭的另類思索

怎麼理解科索沃？

戰爭的血腥鏡頭看多了，人會變得痲木；有些不血腥的鏡頭，卻可以使人剎那間像觸電一樣驚愕。科索沃戰事結束，全身武裝的德國士兵出現在南斯拉夫的國土上——我們可以想像挾帶刺刀機關槍的日本士兵出現在今天的南京街頭嗎？

一九四一年四月，德國只用了十一天就佔領了南斯拉夫。控制貝爾格勒的指揮官下令：每一個德國士兵被擊，就槍斃一百個塞爾維亞人抵命。佔領期間，街頭的集體死刑此起彼落，大多是近距離的腦後一槍，老人小孩在內。成堆的屍體棄置牆角。

一九九九年四月，塞爾維亞族的南斯拉夫人殺阿爾巴尼亞族的南斯拉夫人。也是街頭巷閭的集體屠殺，近距離的腦後一槍，老人小孩在內。成堆的屍體澆上汽油，一把火燒掉。

一九九九年六月，戰事結束。在北約「主持正義」下回鄉的阿族人開始報復。塞爾維亞人、有嫌疑與塞人合作的「阿奸」吉普賽人，被拖到空地上草草槍斃。他們的家被澆上汽油。黑夜的城市裡，濃煙大火滾滾，燒著人們自己也不明白的深仇大恨。

究竟該怎麼理解科索沃戰爭？

最典型的解釋是，米洛雪維奇藉用民族主義來保住政權，是獨裁者一貫的伎倆；而北約竟以十九國聯軍去轟炸南斯拉夫，除了人權道義上的考量之外，也有「東進」的意圖，把東歐納入西方的勢力範圍。但是歷史事件可以正面理解，更値得側面推敲。很少人注意到，科索沃戰爭所碰觸的幾個主要概念，譬如「種族淸除」和「主權與人權的對決」，其實和一個貫穿整個二十世紀的重大主題有著密切的關聯：現代化的問題。從這個角度去思索發生在我們眼前的科索沃戰爭，爲現代化問題苦惱已久的中國人也許會生出另一番理解。

被強暴的白天鵝

問一個塞爾維亞人對阿族人的印象，負面的形容詞很多：「骯髒」、「打老婆」、「沒有教養」等等；首都貝爾格勒的市民甚至習慣把阿族人與犯罪、吸毒、強暴聯想在一起。但是塞族人對阿人最普遍深植的成見是，「他們落後」。說別人「落後」，表示下意識裡有一個衡量文明的標準。塞爾維亞人以西歐的理性和文明作爲追求的理想，同時又意識到自己的歷史是「野蠻」和「落後」的：血腥的屠殺不說，十九世紀初塞爾維亞的第一個國會裡，十二個議員中有八個文盲。到一八一〇年，塞爾維亞只有兩所小學，而且教學語言是希臘文。到一八三一年才有書在塞爾維亞出版。願望和現實之間存在著緊張。

阿爾巴尼亞人在這種使人不舒服的緊張中，發揮了「他者」的作用。阿族人在經濟上原本落後。一九四六年科索沃的平均所得是鄰省的三分之一，到狄托的一九六四年更低落到五分之一。阿族人的伊斯蘭教信仰內容，譬如對婦女的種種約束，在信仰基督正教的塞族人眼中，完全是未開化的表徵。經濟貧窮、文化落後，在塞爾維亞人文明的尺度上，阿族人是墊底的他者。有了墊底的他者，「我」的自我感覺就得到了安慰和提昇。

貝爾格勒流傳著這麼一個謠言：一個阿族人爬進了動物園，強姦了裡頭的白色天鵝。人們成天在小報上讀到阿族男人強姦塞族婦女——小女孩和修女特別強調，所以強姦一隻天鵝——注意，這是一隻「雪白」而「純潔」的天鵝——也不太令人驚奇。但是人怎麼在技術上「強姦」天鵝呢？啊，這個問題不重要。

塞爾維亞人對於自己身處歐洲地理之內卻又在歐洲先進文明之外糾纏著很深的情結。討論現代化的問題時，罪責往往歸之於「土耳其帝國五百年的統治」。歷史，在現代化的追求上，是一個不堪負荷的包袱。「落後」的科索沃正是包袱的一部份，把科索沃「塞爾維亞」化，不能「塞化」就淸除，在有些人的理解中，只是「現代化」的正當手段。而這樣的思維邏輯，我們並不陌生：在漢人和蒙族、維吾爾族、藏人的關係裡，有相似的衝突。

「西化」的催化劑

一九四一年德軍在南斯拉夫侵略屠殺，一九九九年德軍在南斯拉夫維持和平——兩個事件之間有沒有某種弔詭的聯繫？

有的。首先是令人訝異的悖論：因爲德國的不名譽的歷史，因爲德國人戰後對這段歷史的大反省，德國成爲一個極端反戰的國家。海灣戰爭時，德國還爆發了戰後最大的反戰風潮——即使是所謂「正義之戰」，德國也要置身事外。曾幾何時，德國民意竟然有三分之二贊成北約對南國的轟炸；積極參戰的，竟然是一個在意識型態上最反戰的社會民主黨和綠黨政府；主戰最堅決的外交部長，竟然是當年最反美國霸權、反資本主義、反戰爭的抗議靑年。

悖論往往有其內在邏輯。德國士兵今天會在南斯拉夫維持和平，其實也是前一幕——德軍佔領南斯拉夫——的歷史轉折和延續。德國人看科索沃和美、英、法人是兩樣心情的。在固執的米洛雪維奇身上，他們看見希特勒的影子；在流離失所的科索沃人身上，看見當年猶太人的影子：在塞爾維亞人身上，看見被獨裁統治所捆綁的當年的自己。面對科索沃的鏡子，德國人認出了自己的身影和走過的路途。

什麼樣的路途呢？到今天，德國人仍稱之爲「西化」的道路。「西」，指的是美、英、法所代表的價值觀。馬歇爾計畫不僅只是經濟援助，更重要的是藉著經濟援助把「西方」的文化價值觀——多元社會、民主討論、自由市場、私有財產、和平改革等等——引進德國，徹底改變德國人的思維方向和社會結構。五〇年代初，電台、雜誌、各形各色的大衆講學機構紛紛成立，對還不曾經驗過民主的德國人進行啓蒙和改造，可以說是一個有計畫的「全盤西化」運動。而這個意義的西化，對從廢墟中掙扎重新站起來的德國人來說，就是「現代化」的核心意義。今天的德國和希特勒的專制德國有多麼遠的距離，就是半個世紀以來德國「西化」有多麼深的程度。

走過這樣的一條情境特殊的歷史道路，反戰的德國人今天會支持轟炸南斯拉夫，會堅決要求米洛雪維奇下台，然後願意以「馬歇爾計畫」重建南斯拉夫，實在是一個可以理解的心路歷程。

相對之下，反對北約轟炸的多半是德東人，從前的共產東德。表面上看起來，似乎是因爲他們曾經同屬蘇聯陣營，有著歷史的感情和盟約。在深層裡，卻和東西德人對「西化」或說「現代化」的體認截然不同更有關係。沒有「西化」的過程，德東人對希特勒的歷史和自己民族的罪責問題不曾眞正挖掘過，因爲，官方的歷史觀說，希特勒是法西斯，共產黨是反法西斯，因此希特勒不是德東人的歷史包袱。沒有「西化」的過程，德東人對主權和人權的看法也與西德人分歧；他們傾向於認爲主權高於人權。令人玩味的是，統一使東德變成西德的一部份，東德的「西化」已經在進行中。

沒有孤立事件

這個世紀開始不久的時候，在塞爾維亞爆發了第一次世界大戰。這個世紀結束的時候，十九國的「世界大戰」又在塞爾維亞的土地上發生，好像在提醒人類回頭整理一下檔案的順序。稍微整理一下，就可以發現，原來，看起來孤立的事件與事件之間其實隱藏著千絲萬縷的因果；原來，人對立場的選擇往往決定於他主觀的歷史經驗，還有他對那個經驗的特定解釋。在「西化」、「現代化」的路上——反西化也是西化的一種反應——各個民族各有不同的歷史條件，造成對現實認知的差異。但是，知道在這條路上顚撲跌倒、困惑不安的不只是我們，也是一個重要的視角吧。

輯五

我

大山大河大海

河中有魚

騎單車走萊茵河岸，從麥茵茨到科隆，北行三百公里。如果高興，可以再走三百公里，騎到河口鹿特丹，遭遇大西洋；基本上，是鮭魚由大江入海的路線。

河有沙岸，被太陽曬暖了，野鴨懶洋洋地臥在軟沙裏。河有石堤，縫裏長出紫色的野花；河水拍堤，發出輕微的聲響。河有沼澤，水鳥踩著細細的長腳在蘆草叢中忽隱忽現。清風撲面，攜來河水的氣息。一隻河鷗突然竄起，掠過小徑，受驚的單車吱一聲煞住，在黃泥路上印下一小段輪胎的凹凸花紋，小蜥蜴爬過，拖著長長的尾巴。

就是這條河，一百年前還有二十五萬條鮭魚，從大西洋湧進，逆流尋找阿爾卑斯山麓的源頭；初生的小鮭魚然後順流千里，奔向大海。

濱河的工廠阻斷了沿河小路，單車就得繞道而行，折進了村子的馬路。幾個轉彎之後就迷了方向。但是沒有人擔心，再踩一段路。一個婦人在菜園裡彎身摘下一串櫻桃似的小蕃茄，你大聲問：

「河在哪個方向？」

她直起身來，笑著往遠方一指。單車悠悠前行，不一會兒就看見高高的樹林，濃葉遮掩不住晶白的河光閃爍。在河畔，將單車橫倒草叢，走向淺灘，脫下涼鞋，涉入沁涼的水裡。望向對岸的標幟，你知道你此刻正站在萊茵河河道第五百四十九公里的點上，歐洲大陸、北半球。這是你面對宇宙星辰的地址，還有比它更明確的嗎？二十五萬條鮭魚從迷茫大海中總是找得到自己的源頭，難道不是因爲，大河，是生命的永不遷址、永不變色的故鄉？

鮭魚以沈默回答。一百年來，勤勞多智的人類在河岸建起一座一座化學工廠，在河床上築堤建壩增進水利；一九八一年瑞士化工廠廢氣流入河中，人才發現，萊茵河已是一條沒有鮭魚的河。大河沒有遷址，卻已變色。

十八年來，萊茵河流經的五個國家，德國、法國、盧森堡、荷蘭、瑞士，投資了兩千萬美金整治河水，讓鮭魚回鄉。今天，人們說，河裡已經有了三千條鮭魚。

可是，又有人說，平均六千美金一條鮭魚，值得嗎？

到了五百六十公里處，濃雲使天色驟暗，雨水颯颯落下。河面水霧浮動，模糊了對岸的山色。水光溶溶中，彷彿有音符躍出水面，此起彼落。大河湯湯北去，河中有魚。

山中有獸

用騎單車的速度去認識一條河，晨起晚宿，行止隨興之所至，日行四五十公里，一條河的面貌才讓你眞看清了。三百年前的郁永河用牛車的速度去認識一個島，從台南到淡水，走了二十天，翻過數不淸的山嶺，渡過九十六條溪，一個島的面貌才讓他眞看清了。

在沙鹿山中，「野猿跳躑上下，向人作聲，若老人欬；又有老猿，如五尺童子，箕踞怒視。」在桃園南崁，「山中野牛甚多，每出千百爲群。」從新竹到南崁的路上，「遇麋、鹿、麚、麑逐隊行，甚夥。驅獈猲獟，獲三鹿。」

郁永河見到的山豬「大者如牛、巨牙出唇外。」他所見到的熊，種類繁多，「有豬熊、狗熊、馬熊、人熊之異，各肖其形。」巨蛇，他不曾撞見，卻聽人敘述不久前鄭經率兵時，「三軍方疾馳，忽見草中巨蛇，口啣生鹿，以鹿角礙吻，不得入咽，大揚其首，吞吐再三。」蛇，大到可以吞鹿。

這個島，山林莽莽鬱鬱，是野獸的家鄉。野牛成群，麋鹿游走；山豬藉樹幹磨著巨牙，黑熊躍進溪水捕魚，大蛇蜷起身體曬太陽，與人一般高的猿猴發出嗤嗤笑聲。在這裡，每一條溪谷裡都有怒水奔騰；每一株樹都長得蔥蘢茂盛，「青草上楊，旋拔旋生」；每一個動物，都有它藏身的深林洞穴；每一個洞穴，都含著泥土和青苔的氣息。

船隻自海上來，遠遠便看見海島被濃綠覆蓋，知道它山林深邃，林中隱約有獸。

水中有混沌

是不是有一天，為了認識長江，也可能騎單車沿長江岸獨行三百公里？

長江太髒，人們搖搖頭。水質太壞，連魚都活不了了。靠城市的江面上，浮滿了啤酒瓶、塑料袋……。

長江的原來面貌，陸游是見過的。一一九七年，他從拉縴航行的船上認識長江，長江像幽深不可測的水晶叢林，藏著大自然的祕密。他一會兒看見「江中江豚十數，出沒，色或黑或黃。」一會兒又看見「物長數尺，色正赤，類大蜈蚣，奮首逆水而上，激水高三二尺。」巨大的龜，在船邊浮浮沉沉；遠望，「有水禽雙浮江中，色白類鵝而大。」探聽之下，知道這「色白類鵝而大」的鳥，叫天鵝。幾百隻天鵝從他頭上呼嘯掠過。

九華山下的江岸，萩花如雪；江裡「巨魚十數，大如黃犢，出沒水中。每出，水輒激起，沸白成浪。」有時候，似魚非魚，只是「江中見物，有雙角，遠望如小犢，出沒水中有聲。」

江豚是什麼？數尺長的大蜈蚣是什麼？大如黃牛的魚是什麼巨魚？頭上生角大如小牛的物又是什麼怪物？

那樣一條堂堂大江，廣闊、深沉，原始而神祕。物種起源時的種種原型生命仍在洪荒初始的江水裡生生不息。天邊雷聲滾滾，閃電照亮了因風激起的江水，江水中仍流動著完整的混沌。拉縴的人在岩石下站著，用敬畏的眼光望向江面。

林中有狼

挪威的森林裡，狼回來了。算算有十二隻，是國寶，不許獵殺。

農人不喜歡狼。狼咬了他們的豬，吃了他們的鷄和鵝。國家每年賠償他們家畜的損失，但是狼，不准碰。

森林裡有狼？城裡人眼睛一亮——我們的森林裡眞的又有了狼？

整個民族記憶中和狼有關的聯想——神話、歌謠、故事、童話、傳說裡的狼，突然全部醒了過來。人，與他原始來處的依稀記憶，突然醒了過來。

我們的森林裡又有了狼。挪威人奔走相告。

在海中

兩千五百年前的山海經，用最質樸的語言記載了我們印象依稀的原始來處：

大蟹在海中
陵魚人面，手足，魚身，在海中。
大鯾居海中
明組邑居海中
蓬萊山在海中
大人之市在海中

切斷

切斷了大江大河的生命，忘記了原始的來處，人啊，就再也回不去了。

玻璃鰻

玻璃鰻

全身透明的鰻魚。那身體不知怎麼回事，像個玻璃管，裡頭的骨骼內臟纖毫畢露，歷歷可數。一種沒有祕密的魚。

玻璃鰻的國籍，不，該說海籍，頗難確定。牠出生在墨西哥灣，但是一出生就離家出走，一走就是天涯海角。出發時，母魚大概剛死，小鰻那柔細如水草的身體還擋不住浪的翻騰，但是牠往一個方向游去；所有初生的玻璃鰻都往一個方向游去：北方的大西洋。大西洋在數千里之外，數千里的茫茫水域裡有狂風颶浪。當玻璃鰻游進大西洋時，牠的身體已經粗大如人的手腕，體色稍黑，但晶瑩剔透如故。

從大西洋的鹹水海域，玻璃鰻轉進歐洲大陸的河流。所有的大江歸納於海，所有自海入江的旅程都是逆流。玻璃鰻在江海匯合處開始牠的逆旅，由鹹海游向鹹水河，由鹹水河游向淡水河。淡水河在下游多半浩浩湯湯，水深流靜；越往上游湍流越多，無數的玻璃鰻在湍流裡耗盡了精力，氣竭而死。遇到瀑布，玻璃鰻用身體去擋那猛然衝下的水箭，試圖翻越；那翻不過去的便被水沖走，沒入水草，化為泡沫，那奮力翻過去了的，便繼續逆流而上，上到水的源頭：也許是一灣人可以一躍而過的小溪，也許是一條孩子們欠身放紙船的田邊水渠，也許是一個野草叢生，蛙聲聒噪的池塘，也許是沼澤裡一窪野豬和麋鹿踩踏出來的爛泥潭。

玻璃鰻在歐洲的水域裡留居十五年；十五年後，牠開始尋找回頭的路。得尋找，因為，牠也許正置身於一窪爛泥潭裡，從一窪沼澤地裡的爛泥潭怎麼找到溪，然後找到河，然後找到江，然後找到名為大西洋的海？牧羊人在村子裡說，他們在呼喚走失的羊群時，差點兒踩到一條滑溜溜的透明的蛇。牧羊人怎麼知道，那是一條玻璃鰻，忍不住身體內如滾水沸騰的衝動，正竄出泥潭，狂奔大江大海。如果泥潭離河水太遠，牠便要在陸上乾死。但是啊，牠顯然別無選擇。

浮沉輾轉數千里，尋尋覓覓，玻璃鰻從歐洲的淡水河游入大西洋，穿過冷暖相異的海潮，越過深淺不一的海溝，又回到了星光閃爍的墨西哥灣，玻璃鰻出生的地方。在這裡，牠交配，懷孕，生產；當初生的玻璃鰻用牠們柔細如水草的晶亮的身體向一個方向划開時，牠已死去。玻璃鰻。

扁蝨

扁蝨一有了生命形體，據說，就緊緊貼在一根樹枝下面，開始等。等什麼？等一隻熱血的哺乳動物從牠棲身的那根樹枝下面走過。冷血動物，譬如蛇，就不算數，因爲扁蝨只飲熱血。當一隻四條腿的渾身暖呼呼的動物經過時，這扁蝨看不見，牠是個瞎子。可是牠的身體能感應溫度；一感覺到溫度，牠就一躍而下，八隻腳攫住獵物的皮肉，把頭深深埋入，痛飲一番。

這有什麼奇怪？哪個蝨子不吸血？

不，這個蝨子不一般。牠並不像別的蝨子蹦來蹦去尋覓可飽食的對象；牠貼在一根樹枝下之後就一生一世不再動彈。這位老兄等著，等著某一隻暖呼呼的哺乳動物剛好從牠那根細枝下面過。

這個機率有多少呢？德國的昆蟲學家逮到的一隻，他們說，已經貼著一根樹枝等了十八年。在十八年中，這隻扁蝨像冬眠一樣不飲不食不動不死，只是等待，等待一隻哺乳動物經過。

十八年後的某一天，若是剛巧有隻胖嘟嘟的狐狸懶洋洋地晃過來，激動了扁蝨的測溫器，扁蝨撲上去，吸血吸個飽。唉，生命裡竟有如此酣暢狂歡的時刻！

然後呢？換一根樹枝？回到棲了十八年的樹枝？

當然不是；飽餐一頓之後，牠要交配；交配之後就死亡。初生的扁蝨跳上一根樹枝或葉片，開始等待。

水蠆

最好在一攤藏污納垢的死水上看水蠆（恥寨切，卦韻）。孑孓的卵黏在石頭潮濕的底部，腐草爛葉浸泡在水裡。連風都不吹過，死水幽黑一片，表面似一層光澤無礙的皮，緊緊包著一汪水。在這個光澤無礙的弧形鏡面上，水蠆飄忽行走，急速如風中蓬草。牠的身體只有一丁點兒，腿卻細長得不成比例，細如人的髮絲，張開像坦克車一樣跋扈。看那橫行水上的架式，你以爲這傢伙必定和所有的水蟲一樣可沉可浮，昆蟲學家卻發現水蠆竟然不會水；把那緊繃的水皮劃破，水蠆掉進水裡就得淹死。

不知道爲什麼，自水蠆的眼睛所看出去的世界全是平面的，只有二度空間。牠既看不見水皮下正張嘴想吃牠的魚，也看不見頭上俯衝而下正要啄牠的鳥。水蠆只能直視，而且視線所及之物皆成扁平形狀。

這不稀奇。狗眼不辨顏色，所見世界非黑即白。牛是色盲，用紅布去挑動鬥牛和用黑布、白布沒有兩樣。蜜蜂的眼睛對某些色彩感應強烈，對某些色彩又視若無睹。老鷹能看見數公里外草叢裡蠢動的兔子，老鼠看不見自己的鼻子。

人

齧缺問乎王倪曰：「子知物之所同是乎？」

曰：「吾惡乎知之！」

「子知子之所不知邪？」

曰：「吾惡乎知之！」

「然則物無知邪？」

曰：「吾惡乎知之！雖然嘗試言之。庸詎知吾所謂知之非不知邪？庸詎知吾所謂不知之非知邪？……」

爲了解釋萬物沒有共同的標準，而且所有的知識都是片面與相對的，莊子接著列舉了泥鰍、猿猴、麋鹿、蜈蚣、貓頭鷹等等例子。我想莊子不認得玻璃鰻和扁蝨，也不知道水蠆、狗、蜜蜂的眼睛結構。如果知道，他也許會讓王倪這麼優哉游哉地回答齧缺的問題：

我怎麼知道是什麼促使玻璃鰻死生以赴游運千里？我又怎麼知道是什麼促使扁蝨如槁木死灰等候十八個春去秋來？玻璃鰻極動，扁蝨極靜，極動者哪裡知道極靜者的狀態，極靜者又哪裡知道極動者的韻律？

水蠆的眼睛看見平面，我的眼睛看見立體，怎麼知道我眼中所見才是萬物本體？狗的眼中世界一片灰濛，我的視野景觀繁花繽紛，怎麼知道狗眼所見不是宇宙眞象？老鷹和老鼠要如何品評風物，交換意見？蜜蜂和狗要如何爭辯玫瑰的顏色？

所以呢，自我觀之，仁義之端，是非之塗，樊然殽亂，吾惡能知其辯！

莊子從本質上就不會是個暴君，他的思想也不會被統治者所用。

可是王陽明對生物的物理結構可能已經有所認識，知道蜜蜂和狗各自看花不是花，於是才想出另外一種看花的可能。朋友質問：你說無心外之物；這岩間花樹在深山裡自開自落，於我心亦何相關？王陽明回道：「你未看此花時，此花與汝心同歸於寂。你在看此花時，則此花顏色一時明白起來，便知此花不在你心外。」

以肉眼看花，那麼肉眼有單眼複眼的差別，色盲不色盲的相異。但是以心看花，則不論是對狗還是蜜蜂，那花的顏色都可以「一時明白起來」；狗追逐粉蝶，蜜蜂擇枝採蜜，人彎腰去嗅一簇初放的紫羅蘭，不都只是「明白」而已？

我

我有兩對眼睛。不戴眼鏡所見是一個世界，朦朦朧朧隱隱約約的世界；月亮是一點淡黃，松樹是一抹墨綠，遠處的人是晃動的影子。戴上眼鏡所見赫然是另一個世界，一個焦距對準了，顏色調亮了，線條清清楚楚的世界；我驀然發現葉叢中有鳥，鳥嘴中有蟲，蟲身上有毛，毛如細刺劍拔弩張。

我在生命裡等候，不知在等候什麼；我同時在急急追趕，不知在追趕什麼。我已萬里跋涉，天涯走盡，但是存在的本質並不曾飛越亙古的軌道，其不動不移一如那從唐朝起就不曾敲響的古銅鐘。

老鷹和鼠是我，蜜蜂和狗是我，水蕾是我，扁蝨是我。當月亮從海上升起，剎那間照亮了正在翻身的藍鯨的背脊，我就明白起來：我也是那玻璃鰻，不知所以地往一個方向奔去，死生以赴。

迷陽，是荊棘

——與我的讀者暫別

一九九九年七月

這個夏天跟別的夏天沒有什麼不同：以度假開始。她和孩子騎單車走萊茵河，用兩個星期的時間，走了三百公里。

她的行囊裡有一本歌德自傳，一本歌德評論。孩子的行囊裡各有兩本厚厚的少年小說，例外地沒有米老鼠漫畫。

從歌德對自己早年的描述，她終於了解了爲什麼在拿破侖以異族入侵佔領德國各邦的時候，身爲魏瑪公國部長的歌德一點兒也不掩飾自己對拿破侖的崇拜。十歲那年，法軍佔領法蘭克福，一個法國軍官住進歌德家裡，這是侵略者的特權。然而這個法國軍官溫文爾雅，熱愛藝術，在小歌德的心目中，法國人與優雅的文化是一回事。四年異族的佔領，在他的個人經驗中卻是文化的啓蒙。

更何況，侵略者帶來的是現代化。她很驚訝：原來法蘭克福的路燈都是小歌德時代的法國佔領軍引進的。

歌德叙述自己的語言那樣冷靜，那樣理性，那樣符合他的家庭教養，使她想到：盧梭不可能用這樣客觀的眼睛看世界，不可能用如此抽離的語言解剖自己吧？

回到家中，單車歸置車庫，孩子急急探尋久違的朋友，她趕快去找出書架近屋頂摸不著的角落裡的《盧梭自傳》。

果然沒錯。貧窮，在盧梭的性格裡留下烙印。他把自己的五個幼兒送到孤兒院撫養，然後試圖爲自己辯護：

> 您說，既然無力撫養孩子，就不應該生下他們。夫人，請原諒。大自然需要人生孩子，因爲大地長出養活人的食糧。但是，正是富人的養尊處優，正是你們的養尊處優，從我們這裡剝奪了我的孩子的食糧……難道您不覺得，您始終追隨上流社會的偏見，把僅僅由於貧困而產生的結果誤認爲是不道德行爲構成的恥辱！

她不安地把書擱下，走到陽台上去找孩子的蹤跡。盧梭的句子裡有多麼深的痛苦和憤怒。那五個被擲入命運波濤的孩子，又怎麼了呢？

孩子不在花園裡，嬉鬧的聲音倒從鄰居的游泳池畔傳來，在天空裡清脆地響著。她轉身進屋裡，去收拾從單車卸下尚未整理的行囊。孩子的行囊中有書、日記本、名牌球衣。

從小跟著她愛看書的孩子，上了五年級就跟著大夥拋開了「字太多」的書，只看漫畫。讀書不可能強迫，她只好用點心機。她去見孩子的德文老師，請她鼓勵全班孩子讀「字太多」的書，組織小小讀書會。老師同意了。可是做了一會兒，沒力氣，停了。

她於是到社區圖書館借少年讀物，一借一大疊：科幻、冒險、中古騎士、印第安人、推理……進了門也不說話，逕自把這疊書放在孩子床頭。

兩個星期之後，再換一疊。用處仍然不大，因爲枕頭邊總有另一疊米老鼠漫畫，班上的孩子們傳來傳去。

接著她宣佈：每一筆歐洲報紙給她的稿費，她贈給孩子百分之二十做禮物。孩子跳起來：「眞的嗎？什麼都可以買嗎？」

「不能，只能買書。我陪你們到書店選。」

「可是，」孩子狡滑地盤算，「能買漫畫或者電腦遊戲嗎？」

「不能。」她狡滑地回答，「只能買『字太多』的書。」

《明鏡周刊》稿費特別高，一篇譯成中文大約兩千字的文章，有四萬元台幣的報酬。母子三人在書店裡一層一層逛了一個下午。買了一疊厚厚的書，塞進了單車後座上馬鞍似的行囊。走出書店之前，她又讓孩子挑了日記本，說是額外的禮物。孩子被物質吸引，歡天喜地地道謝，完全沒想到這又是母親木馬屠城的計謀：有了美麗的日記本，當然得每天寫字作文。

名牌球衣，拿在手上柔軟如緞。她嘆口氣。她從來不買名牌衣服，但是見到特別中意的，倒也不因什麼意識型態而堅決不買。一般不買就是不買，但也不必「無限上綱」到絕對不可買；她對任何意識型態都不是狂熱份子。

可是孩子們開始要求買名牌衣服帽子褲子鞋子書包，因爲，他們睜著純潔的大眼說，同學們都買名牌的衣服帽子褲子鞋子；不能不買。

孩子們向爸爸要求，爸爸就給了。孩子們向媽媽要求，她就說：「買書的錢我有，捐給尼泊爾孩子建教室的錢我有。可是買名牌的錢，我有，但是不給。你們知道媽媽『中間偏左』。這樣吧。一件好看的非名牌恤衫五十馬克，但是你們要的名牌是一百馬克，那麼我付那該付的五十，你們付那多出的五十，用你們自己儲蓄的零用錢。值不值得，你們自己決定吧。」

孩子們在商店裡用手摸著柔軟如緞的衣服，想了又想，想了又想。

黃昏的陽光潑灑在蘋果樹上，立在陽台上的她注意到，咦，今年的蘋果怎麼這麼多！每一根枝都綴得滿滿的果實，才七月底八月不到，蘋果已經紅艷飽滿，迫不及待地要熟。一隻野鴿子闖進葉叢裡，撞來撞去，把蘋果枝壓得更低。她倚著欄杆把身體懸在外面，看院子那頭孩子種的小菜圃，黃瓜已有小孩子手臂那麼粗，蕃茄已經紅透了。

電話響起來，她回到書房。是《德國之聲》記者要採訪她對「兩國論」的看法。她說，「我只在廣播中聽見，是二手消息，不能做爲評論依據。您可以先把準確而完整的『兩國論』訪談內容傳眞過來，我才能決定接不接受您訪問。」

整整四張的訪談內容傳了過來，她仔細讀了，然後回記者電話：「我是文化評論者，不是政論家。只評論思想和觀念，不談現實政治。這篇訪談屬於現實政治層面，原諒我沒有興趣評論。」

下一通電話來自香港報紙，提出同樣的要求，她給了同樣的答案。編輯說：「我尊重你的理由。」

可是她不接受採訪有不同的理由。德國大選社會民主黨勝利，電視記者打越洋電話來訪問。她問：「您給我多少時間？」對方說：「三分鐘。」她說：「我需要三十分鐘的時間才能把一件事情、一個觀念完整地、不被誤解地講清楚。您給我三十分鐘我就接受訪問，您給我三分鐘我就不接受。」

記者的聲音略帶歉意，「我們是電視，所以，嗯，只有三分鐘。」

那她也表示遺憾啦，「所以還是讓我寫文章吧！」

寫文章，通常在夜深人靜的時候，孩子們不再呼這喚那、不再坐到膝上撒嬌的時候。因此她很熟悉月光；寫到一半，感覺月光默默地進了房門，像個溫情脈脈的情人，她就放下筆，滅了案頭的燈，走到陽台上赴約。手植的葡萄藤已爬上了二樓欄杆，亭亭有致的葡萄葉子在月光下像手掌一樣張開，盛著蕩漾的光影。風自松樹穿過，簌簌似海浪撲岸。淡淡的悲傷襲來：爲什麼極至的美，總是使人悲傷？答案其實就暗藏在問題裡——美和消逝、和幻滅，是無可奈何的同一個品質。

情緒落寞，不如離開那美麗而悲涼的月光。回到書房，卻無法再拾起打斷了的文氣，於是想起一個白天未能解決的問題：三百年前郁永河在台灣島上所記錄的動物，到了一百年前少了多少？十九世紀的馬偕在淡水傳教時，曾經像人類學者似地把台灣的植物動物分門別類記載。馬偕這種「科學」態度讓她印象深刻，認爲這是西方人自十八世紀啓蒙思想的延續，又爲十九世紀帝國主義所用：征服一片土地，先認識它、丈量它。中國人到一個海島上，大概就只會寫寫詩，讚美一下那「不知名」的樹上開著「不知名」的花。

但是她翻到了蔣師轍所描述的一八九三年的台灣，眼睛一亮。這個安徽來的地方官用這樣的文字觀察海島：

……地距福建省會九百里（原一千二百里，今用輪船量水裡測量得此數），澎湖一百七十五里（原二百四十里）……其繪北極出地緯線，自二十二度始，至二十五度止，而二十二度外約仍佔三十分，二十五度外約仍佔十分。以每度六十分作直地二十五里之數核之，袤長應九百一十三里有奇……

啊！她驚訝了；蔣師轍可與西方啓蒙主義或帝國主義無關，他的思維和語言卻是科學的。這樣的思維和語言她其實覺得非常熟稔：從魏源的《海國圖志》以來一直到戊戌變法，有志於「經國濟世」的中國士大夫勤攻西學，都是以這種科學思維和語言去看世界的。莫非這蔣師轍也是戊戌時代的進步士人？

於是接著讀祠碑和墓誌銘，她的臆測就證實了。原來繞個彎，蔣師轍的科學眼光仍舊來自西學中的啓蒙思想；他對台灣防衛前景的憂慮，來自帝國主義的擴張壓力。兩年後，台灣果真割給了日本。

用什麼樣的眼睛看大山大水，用什麼樣的語言去描述？她想往前推一些。於是從架上抽出《山海經》；當月光逐漸挪移而至照亮了整片地板時，她正讀到——

南海之外，赤水之西，流沙之東，有獸，左右有首，名曰跳踢。有三青獸相并，名曰雙雙。

有阿山者。南海之中，有氾天之山，赤水窮焉。赤水之東，有蒼梧之野。

她慢慢將書闔上，輕輕唸出聲來：「南海之外，赤水之西，流沙之東——赤水之東，有蒼梧之野……」詩的感覺，月光似地晶瑩透徹，響著流水涓涓的聲音。明天有詩人來訪，當與他朗誦《山海經》。

「噗」一聲，暗處一粒早熟的蘋果墜落草地。夜，很靜。

《新蘇黎世報》向她約稿：十月一日中華人民共和國建國五十周年，文化版要製作中國特輯。希望有您的觀點在內，隨便您寫什麼。八月底截稿。

這是她絕不推拒的稿約：《新蘇黎世報》是德文世界中以品質著稱的報紙。中國人一般不知道她寫什麼，甚至於完全不知道她在西方用西方的語言寫作，但是她珍視這塊小得不得了的地盤：一個中文世界的知識份子，能夠用自己的聲音對西方主流世界發言——不倚賴漢學家的翻譯詮釋，不經過記者的主觀仲介，她清楚這個地位的意義和價值。我要你知道，她想，我和你有不同的歷史譜系。我要你看見，當我們結論相同時，我們所經過的途徑不見得一樣；當我們結論不同時，你有必要認識而且尊重我的理由。你我之間——西方和東方之間，所欠缺的，是一個平等的對話。

她無意說服，更希望避免任何民族情感的干擾。她的歐洲讀者是成熟的知識份子，他們需要的是平等的對話，不是因自卑而誇大的對抗與說服。

她渾身上下沒有一點自卑；深入地了解西方文化之後，反而更認識了自己文化的意義：中國傳統文化必須經過一次浴火重生的「文藝復興」，不是爲了她實在不在乎的所謂民族驕傲，而是爲了使人類的共同文明更有深度厚度、更豐富多元。她不斷對西方世界強調：台灣的自由絕不可被強權所奪，最深層出發點還是文化的——她相信唯一有可能點燃「文藝復興」的地方，就是這地處邊緣的「蕞爾小島」。

照亮整片天空，只需要一把火炬。

寫作影響像漣漪擴張。當歐洲報刊的稿約多得不堪應付的時候，她就只好挑選影響力最大的報紙和稿酬最高的刊物，因爲，稿酬的百分之二十是拿來爲孩子買「字太多」的書的。與歐洲寫作平行的，是她爲大陸讀者的用心。不管台灣怎麼講「政治正確」、怎麼反中共霸權、怎麼抓「匪諜」，不管大陸獨裁政權怎麼可惡可憎可恨，她維持一個信念：「人」的價値凌駕一切。在任何政治鬥爭、權力糾纏裡，你，要看見有血有肉有尊嚴的個人。爲了這個信念，她用心地讓文章持續地在大陸發表。她不談政治，只談文化；她不給既定結論，只給思維方式；她不在乎立場的宣示，只在乎觀念的建立。有些時候，她不得不委屈求全，但是她樂觀地想：只要人的理性思維多一分，相互摧殘的可能就少一分。

對那脆弱的「人」的關懷，是她的全部信仰核心。不，她不在乎任何帽子，來自或左或右任何方向的帽子。

儼然是個「橫眉冷對千夫指」的人，但是在報上讀到稚齡的孩子被父母凌虐至死的消息時，她的眼淚就怎麼也止不住地流下來。

孩子進來，手裡抓著一束星星點點的野花，她吻了孩子的頭，孩子的頭有乾草的氣味。她把野花夾在一頁一頁的《辭海》中。野花乾了以後，對於摯愛的朋友，寫信時就在信紙上夾一枚夏日德國草原上的野花，野花薄而透明。

一九九九年七月二十五日

首都的市政府向她要履歷，她對著電話說：「怎麼能給你們履歷？我又不向你們求職。首長如果想了解我，就去買我的書看吧。書，就是我的履歷。」

首長親自來電話時，談話中她發覺他還眞看了書，著實驚訝，在電話上卻仍然嘻笑無度。放下電話，想都不想。

當他出現在她家客廳裡，一個夏日的午夜，她才大吃一驚：這傢伙，不會開玩笑。他認眞呢。

談了近三個小時。街上等候的計程車司機打了盹又醒，醒了又打盹。

分手前他們對話：

「文化局不是市長的御用機構，不是市長的文宣部。這，我們有共識嗎？」

「當然。」

「你把她找來，是因爲她有獨立的精神；如果她一進入官僚體系就失去了這份精神，也就抵銷了你找她來的意義。你同意嗎？」

「如果她失去了獨立精神，那麼她輸了，我也輸了。」他說。

快送到門口了，她遲疑地說：

「我覺得她不太可能跳這個火坑——但是假定她接受了，她會覺得，她不是爲自己、不是爲你，甚至不儘是爲眼前的人民，她覺得她在面對歷史。你——也有這種歷史感嗎？」

他已走到門口，這會兒又轉過身來，沉靜地說：「如果我沒有歷史感，我不會來找你。」

整條街空蕩蕩的，清晨三點，計程車疾駛而去，沒入黑夜。

一九九九年八月五日歐洲時間晚上七時

越洋電話上談了一個小時的話，反覆的斟酌猶豫。

最後，她說：「好。」

她翻開《莊子》，找到〈人間世〉，用手指讀著熟悉的字：

> 山木自寇也，膏火自煎也。
> 桂可食，故伐之；漆可用，故割之。
> 人皆知有用之用，而莫知無用之用也。

莊子對那汲汲營營於「有用」的人強調「無用」；她三十年在花園書齋中讀書思索，過「無用」的生活，莊子對淡泊的她，是不是反而要探索「有用」的意義呢？只是那「伐之」、「割之」，要如何看待？

她又站立在陽台上，北國向晚的陽光有一種秋涼遲遲的感覺。野鴿子在樹叢深處發出蒼茫的叫聲。孔子適楚，楚狂人接輿大聲唱著：「迷陽迷陽，無傷吾行！卻曲卻曲，無傷吾足！」

迷陽，是荆棘，卻曲，是迂迴。

她在陽台上佇立良久，看著暮色一層、一層濃暗下來，濃暗下來；夜黑，星就亮了。

一九九九年八月十日午夜

新人間叢書 905

百年思索

作　者——龍應台
董事長
發行人——孫思照
社　長——莊展信
出版社——時報文化出版企業股份有限公司
台北市和平西路三段二四○號四F
發行專線——（○二）二三○六—六八四二
讀者服務專線——○八○—二三一—七○五
（如果您對本書品質與服務有任何不滿意的地方，請打這支電話。）
郵撥——○一○三八五四～○時報出版公司
信箱——台北郵政七九～九九信箱
電子郵件信箱——liter@mail.chinatimes.com.tw
網址——http://publish.chinatimes.com.tw
主編——鄭麗娥
編輯——李慧敏、邱淑鈴
校對——許常風、李慧敏、龍應台
排版——極翔企業有限公司
製版——源耕製版有限公司
印刷——科樂彩色印刷股份有限公司
初版一刷——一九九九年八月二十三日
初版十一刷——二○○○年一月十五日
定價——新台幣二五○元
◎行政院新聞局局版北市業字第八○號

國家圖書館出版品預行編目資料

百年思索 / 龍應台作． -- 初版． -- 臺北市 ：
時報文化，1999〔民 88〕
面 ： 公分． -- （新人間叢書 ； 905）（龍應台作品集： 5）

ISBN 957-13-2952-5（平裝）

855　　　　88010482

Printed in Taiwan
ISBN 957-13-2952-5